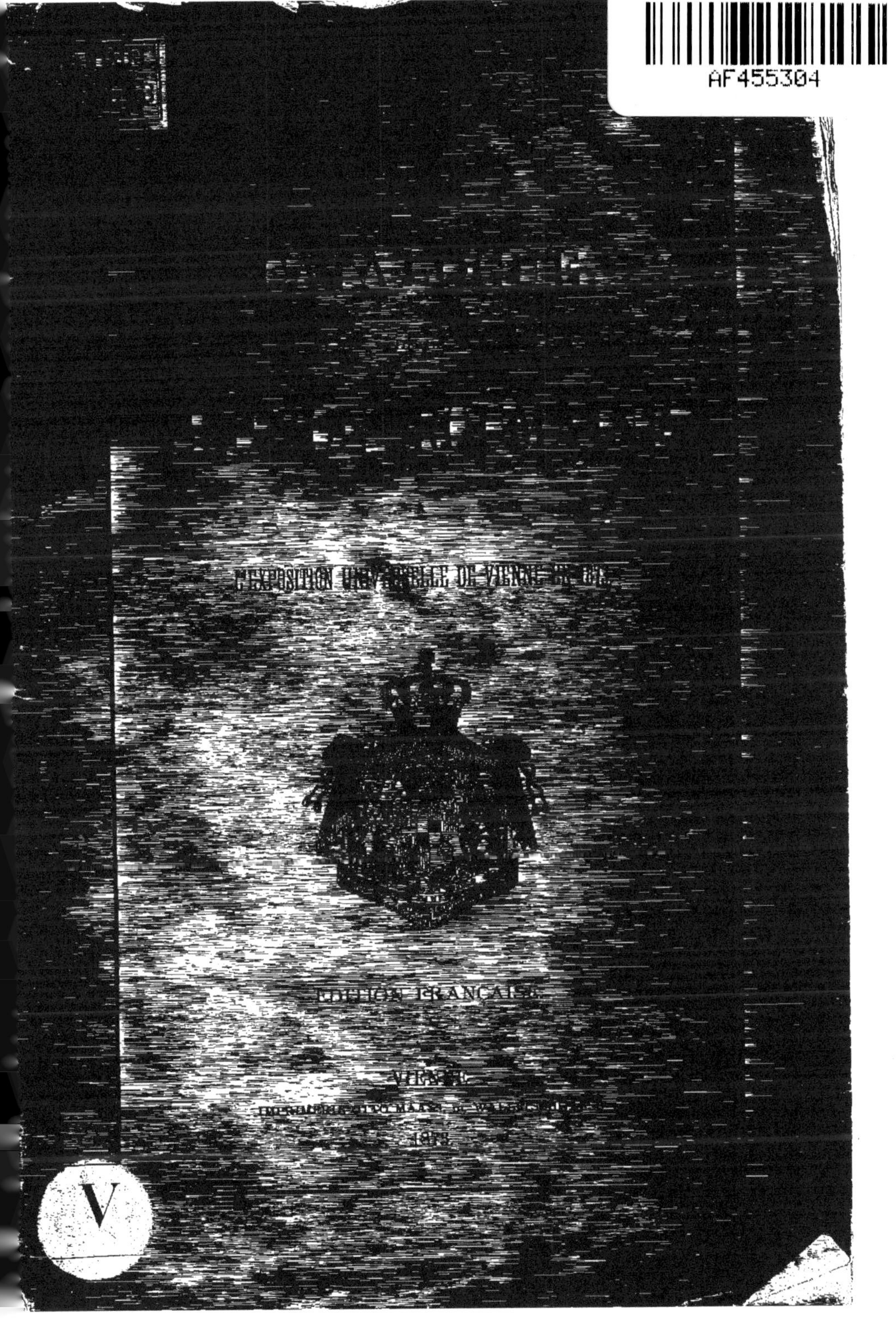

L'EXPOSITION UNIVERSELLE DE VIENNE EN 1873

ÉDITION FRANÇAISE

VIENNE

1873

CATALOGUE

DE LA

SECTION ROUMAINE

A

L'EXPOSITION UNIVERSELLE DE VIENNE EN 1873.

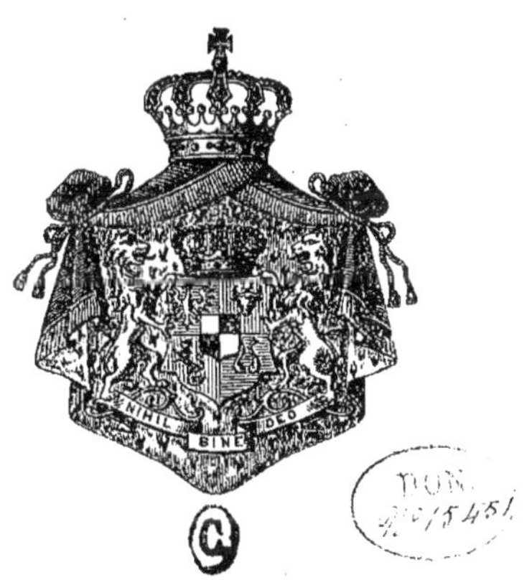

EDITION FRANÇAISE.

VIENNE 1873.

MPRIMERIE OTTO MAASS, WALLFISCHGASSE 10.

Ces notices présenteront sans doute beaucoup de lacunes. Il nous a été impossible de les combler par suite des difficultés occasionnées par le court espace de temps qui nous a été donné pour recueillir des documents officiels plus complets.

Le Commissaire général:

Emmanuel Cretzulesco.

Commission Princière de la Roumanie
à
L'EXPOSITION UNIVERSELLE DE VIENNE EN 1873.

Commissaire Général et Président de la Commission:

Mr. **Emmanuel Cretzulesco,** Membre de la Chambre des Députés, ancien Agent Diplomatique de la Roumanie à Paris.

Membres:

MM. **P. Poenaro,** ancien Recteur de l'Université;
„ **P. S. Aureliano,** Directeur de l'Ecole d'agriculture;
„ **C. Esarco,** Vice-Président de l'Athénée roumain, ancien Directeur général au Ministère des Cultes et de l'Instruction publique;
„ **C. Bolliac,** publiciste:
„ **S. Jorceano,** Ingénieur-Inspecteur, ancien Directeur au Ministère des Travaux publics;
„ **C. Stancesco,** Professeur à l'Académie des Beaux-Arts;
„ **A. Gubler,** Président de la Chambre de Commerce à Bucarest
„ **S. Jonid,** Banquier;
„ **A. Poliso,** Député, secrétaire de la Commission.

Attachés:

MM. **C. Pantazoglu.**
„ **E. Iconomidi.**

Architecte attaché à la Commission:

M. **A. Gruska.**

Première Partie.

La Roumanie

CONSIDÉRÉE

SOUS

LE RAPPORT PHYSIQUE, ADMINISTRATIF ET ÉCONOMIQUE.

I. Territoire.

Situation géographique, étendue, parties dont il se compose. — Union des Principautés de Valachie et de Moldavie. — Frontières. — Conformation du Sol. — Montagnes et passes. — Fleuves et rivières. — Lacs. Lagunes. — Climat.

La Roumanie, située entre le 43^{0} 38^{1} et le 48^{0} 50^{1} latitude Nord, et entre le 20^{0} 20^{1} et le 27^{0} 10^{1} longitude-Est de Paris, occupe une surface de 12,149,36 hectares et compte 5 millions d'habitants.

La Roumanie se compose des territoires des deux anciennes principautés de Valachie et de Moldavie, et de la partie de la Bessarabie qui a été cédée par la Russie à la Moldavie, à la suite du Traité de Paris, en Mars 1856. Par ce traité, les grandes puissances européennes ont confirmé à nouveau l'autonomie dont les deux Principautés ont joui de tous temps, ainsi que le droit qu'elles ont toujours eu de posséder une administration indépendante. Néanmoins, en vertu des traités anciennement conclus entre les sultans Bajazet, Soliman et autres, et différents princes de la Moldo-Valachie, la Sublime Porte continue à recevoir annuellement un tribut d'environ un million de francs. s'appuyant sur les principes, qui d'après les clauses du traité, ont été placés sous la garantie collective de l'Europe, la convention de Paris, du 19 Août 1858, a définitivement organisé le Gouvernement des deux Principautés et a jeté les bases de leur union future.

En vertu de cette convention, les Chambres de Jassy et de Bucarest devaient procéder, en Janvier 1856, à l'élection d'un prince pour chacune des Principautés. Le suffrage des deux pays s'arrêta sur Alexandre-Jean (colonel Couza), sous le gouvernement du quel, le 24 Janvier 1862, l'union, jusque là purement personnelle, de la Moldavie et de la Valachie, fit place à leur fusion définitive en un seul Etat.

Au lieu de deux gouvernements, à Jassy et à Bucarest, fut installé à Bucarest un gouvernement central, avec un seul ministère et une représentation nationale commune aux deux Principautés.

Après l'abdication du prince Alexandre-Jean I., le suffrage universel du 18 avril 1866 appela au trône comme Prince souverain Charles I., de la maison de Hohenzollern-Sigmaringen.

En vertu de la Constitution de 1866, les deux anciennes principautés de Valachie et de Moldavie forment, sous le nom de Roumanie, un Etat constitutionnel un et indivisible, sous la souveraineté héréditaire du Prince Charles et de ses descendants ou collatéraux mâles.

La Roumanie est située entre l'Autriche, la Russie, la Turquie et la Serbie; elle a la forme d'un arc de cercle ouvert au nord-ouest et d'une largeur à peu près constante.

La courbe intérieure est tournée vers l'Autriche (Hongrie, Transylvanie, Bucovine); la courbe extérieure, au sud, vers la Serbie et les provinces ottomanes de Bulgarie et de Dobroudja; la partie orientale forme la limite du côté de la Russie (Bessarabie).

Les Frontières du pays, à l'exception d'une petite partie, sont des frontières naturelles; ainsi, au sud, le Danube, des Portes-de-Fer à la mer Noire; à l'ouest les Carpathes, depuis le passage que s'y est creusé le Danube, jusqu'à l'extrémité nord du pays; à l'est le Pruth.

Au sud de Cotu-Mori, sur le Pruth, commence la ligne de démarcation, qui, passant près de Bolgrad, vient aboutir à Tuzla, sur la mer Noire. Cette ligne de démarcation, qui traverse les steppes de Bessarabie, forme, depuis le traité d'Orient, la limite entre la Roumanie et la partie de la Bessarabie cédée par la Russie à la Moldavie. De Tuzla à Vilcove, à l'embouchure Kilia du Danube, la mer Noire sert de frontière naturelle. Entre le Banat et la Transylvanie, la ligne des frontières court sur les crêtes des Carpathes.

Les Montagnes du pays appartiennent au système des Carpathes ou Alpes bastarniques. Leur hauteur varie entre 2587 et 8160 pieds parisiens au-dessus du niveau de la mer Noire. Par leur aspect grandiose elles rivalisent avec les parties les plus pittoresques des Alpes de Suisse et du Tyrol.

Les principaux pics sont:

En Valachie:

L'Om ou Caraïman	2650	mètres
Parângou	2587	„
Piatra	2255	„
Toutana	2079	„

En Moldavie:

Ciacléoul ou Pion	2720	mètres
Rétézato	2600	„
Ciouroui	2174	„
Raréoui	2008	„

Les passages ci-après conduisent au Banat et à la Transylvanie, savoir: en Valachie, le pas de Verciorova (brèche formée par le Danube) les pas de Vulcain et Turno-Roche; les pas de Bron-Timêche: en Moldavie, ceux de Cornu-Lantchi, Tulghéche, Ghimeche, Oituz, Bourgoul, et plusieurs sentiers praticables seulement à dos de mulets.

Des routes carrossables franchissent les pas de Verciorova et de Turno-Roche.

Le terrain s'élève en pente douce, du Danube aux Carpathes, dont tous les contre-forts sont à peu près à égale distance du cours du fleuve, et n'en sont séparés que par les basses plaines valaques.

Les nombreuses vallées qui correspondent aux déclivités du terrain traversent tout le pays, savoir: la Moldavie dans le sens de la longueur, la Valachie dans sa plus grande largeur.

Tous les cours d'eau du pays appartiennent au système du Danube, dont la rive gauche, en aval, depuis les Portes-de-Fer jusqu'à son embouchure à Kilia, forme la frontière du pays sur une longueur de 125 lieues. Le lit du fleuve a une largeur variable; plus en aval il s'élargit et prend l'aspect d'un lac. Dans sa zone d'inondation se trouvent de nombreux lacs extrêmement poissonneux; sa profondeur varie de 18 à 60 pieds. Ses îles nombreuses, dont quelques-unes sont habitées, sont richement boisées, ainsi que ses bords. La rive valaque est constamment plate.

En aval de Galatzi commence le Delta du Danube: le fleuve se divise en 3 bras: Kilia (au nord) Sulina et St. Georges.

Les importants travaux accomplis par la Commission européenne du Danube (voir chapitre XIV), à l'embouchure de la Sulina, ont fait disparaître les obstacles qui entravaient la navigation, en lui assurant un tirant d'eau convenable.

La navigation du Danube est ouverte aux pavillons de toutes les nations.

De nombreux cours d'eau (rivières ou ruisseaux) se jettent dans le Danube en Roumanie. Parmi les premières il faut ranger:

L'Olt, qui prend sa source en Transylvanie, traverse la chaîne des Carpathes au pas de Turno-Roche, et se jette dans le Danube à Islaz, après un cours de 353 kilomètres;

le Sereth, qui prend sa source à Michaïlêni, en Bucovine, entre en Moldavie, arrose Roman et se jette dans le Danube en aval de Galatzi, après un cours de 333 kilomètres. Il transporte des trains de bois flotté, ainsi que la Bistritza, son affluent;

le Pruth, qui a sa source en Bucovine, et, après un cours de 400 kilomètres, vient rejoindre le Dannbe entre Galatzi et Reni. Il est parcouru, en amont, jusqu'à Sculeni par des bateaux à vapeur, et jusqu'aux frontières septentrionales du pays par des barques.

Il y a aussi un grand nombre de rivières moins importantes, et des ruisseaux, dont le plus connu est la Dimbovitza, sur les bords de laquelle est située Bucarest, la capitale de la Roumanie.

Au nombre des vastes bassins qui se relient au Danube et qui sont alimentés par lui, il faut ranger le canal de Bortcha et les lacs de Bratèche, Cahul, Curtul, Coverlui, Jalpouch, Catlabouga et Kitaï.

Dans l'intérieur du pays il y a plus de 200 lacs et grands étangs, entre autres ceux de Balta-Alba, dont l'eau, fortement salée, possède des qualités curatives; le Dorohoï ou lac de Jézer, que traverse le Jijia; le Znagove; le Caldarouchani, et le lac de Cernica.

Les bords de la mer Noire, depuis l'embouchure du Danube jusqu'à l'extrémité du pays, sont entrecoupés de lagunes, riches en sel marin.

Le climat des divers districts varie suivant leur altitude et leur situation topographique. Les vallées des Carpathes sont abritées contre les vents, tandis que la partie du pays qui est ouverte vers la mer reste exposée aux gros temps et aux violents orages qui viennent de la mer Noire.

Les variations de la température ont été notées comme suit:

	Maximum	Minimum
	(en degrés	Réaumur)
1861	+ 29,7	— 10,9
1862	+ 27,0	— 12,0
1863	+ 23,8	— 18,9
1864	+ 22,1	— 12,4
1865	+ 28,9	— 13,4
1866	+ 30,8	— 19,0

II. Population.

La Race roumaine. — Chiffre de la population. — Population flottante. — Densité. — Répartition des sexes, des familles, de la population urbaine et rurale, des diverses professions. — Population des grandes villes. — Mouvement de la population. — Naissances, mariages, décès. — Augmentation de la population. — Emigration et immigration. — Tableau du mouvement de la population en 1870.

Les Roumains sont un peuple de race latine, issu du mélange des colons romains, établis dans l'ancienne Dacie, avec les aborigènes. La langue roumaine est dérivée de la langue latine, modifiée par l'indroduction d'éléments grecs et slaves.

La race roumaine, prise dans son ensemble, comprend environ 10,200.000 personnes. Sur ce nombre, 5 millions sont groupés en un seul corps national indépendant, et habitent les principautés de Valachie et de Moldavie (la Roumanie); 2,685.600 résident en Autriche-Hongrie, 1,500.000 en Turquie, et environ 1 million en Russie.

Sur les 2,685.600 Roumains, qui, d'après le recensement de 1870, vivent au sein de la monarchie austro-hongroise, se trouvent:

1,114.044 en Hongrie,
1,207.862 en Transylvanie,
363·100 dans la Bucovine, la Croatie, et la région des anciens confins militaires.

Les Roumains de Turquie habitent la Dobrudja, ainsi que certaines parties de la Macédoine et de la Thessalie, où ils sont désignés sous le nom de Coutzo-Valaques.

En **Russie**, ils sont concentrés dans la Bessarabie, entre le Pruth, le Danube et la mer Noire.

Les habitants de la **Roumanie** proprement dite étaient jusqu'ici connus sous le nom de Moldaves ou de Valaques, suivant celle des deux Principautés à la quelle ils appartenaient.

La population de la Roumanie était:

en 1841, de 3,579.000 habitants,
en 1850, de 4,000.000 „
en 1860, de 4,490.277 „
Elle est, en 1873, de 5,000.000 „

Elle aurait donc, en trente ans, augmenté de 1,420.000 âmes. Le second recensement, qui sera fait prochainement, — le premier date de 1860, — sera dressé d'après les bases posées par les Congrès internationaux de statistique.

A 1 mille carré géographique correspond une population de 2267 habitants, soit 411 habitants par 1000 hectares.

Sur les 5 millions d'habitants qui forment aujourd'hui la population de la Roumanie, on compte 2,580.000 hommes et 2,420.000 femmes; soit donc, par 1000 habitants, 516 hommes et 484 femmes.

Dans ce chiffre total de 5 millions, représentant l'ensemble de la population, sont compris, savoir:

Israélites . . .	247.034,
Slaves	90.000,
Magyares . . .	50.000,
Bohémiens . .	300.000.

La **population étrangère** peut être évaluée à 70.000 âmes, savoir:

Autrichiens . .	30.000,
Grecs	10.000,
Allemands . . .	5.000,
Anglais	3.000,
Turcs	2.500,
Français	1.500,
Italiens	300,
Arméniens . . .	10.000.

Il vient chaque année s'établir en Roumanie, et surtout dans les centres commerciaux, un assez grand nombre d'Israélites, qui émigrent de la Pologne, de la Galicie et de la Hongrie. En revanche, l'**émigration** hors de la Roumanie est à peu près nulle, ce qui s'explique par les goûts simples et modérés de la population, ainsi que par la facilité avec laquelle elle gagne sa vie dans le pays même.

Les Grecs (dont beaucoup sont de la race des Zinzares) et les Arméniens, se livrent presque exclusivement au commerce de gros. Les Allemands, les Français, les Anglais et les Italiens font des entreprises de commerce et de navigation, ou sont occupés comme précepteurs, employés chez des particuliers, dans des Compagnies de chemins de fer, ou dans des maisons de banque. Ils se livrent aux arts, à la grande ou à la petite industrie.

Les 62 villes renferment ensemble 950.000 habitants, et les 3020 districts ruraux 4,050.000; — soit, sur 10.000 habitants, 1900 vivant dans les villes et 8100 dans les campagnes.

Les villes principales sont les suivantes:

Bucarest . .	221.805	habitants
Jassy . . .	90.000	„
Galatzi . . .	80.000	„
Botochani . .	40.000	„
Plojesti . .	33.000	„
Braïla . . .	28.000	„
Berlad . . .	26.000	„
Crajova . .	22.000	„
Ismaïla . .	21.000	„
Giurgévo . .	21.000	„
Fokchani . .	20.000	„
Piatra . . .	20.000	„
Houchi . . .	18.000	„
Bacau . . .	13.000	„
Roman . .	17.000	„
Faltitcheni .	15.000	„
Buzéo . . .	11.000	„
Dorohoye . .	10.000	„
Campulung .	10.000	„
Bolgrad . .	10.000	„
Pitesti . . .	8.500	„
Carracal . .	9.000	„
Vaslui . .	8.000	„
Tergoviste .	6.000	„
Cahoul . . .	7.000	„
Ocna (Bacau)	8.500	„
Mihaïleni . .	6.000	„
Kilia . . .	8.000	„
Reni . . .	8.000	„
Niamtzo . .	10.000	„
Alexandria .	11.000	„ etc.

D'après la répartition moyenne, constatée par le dernier recensement, de 4,54 têtes par famille, il y avait 1,101.321 familles, dont 209.251 dans les villes et 892.070 dans les campagnes.

Le nombre des maisons s'élève à 800.000 (il était en 1860 de 794.963). Chaque maison est habitée en moyenne par 6,2 personnes; soit 1613 maisons par 10.000 habitants.

D'après les professions il y a:

750.000 familles de cultivateurs (représentant environ 4 millions d'âmes);
60.000 familles d'industriels;
32.000 „ de commerçants;
24.000 „ d'ouvriers;
23.000 „ fonctionnaires et employés;
4.000 professeurs et instituteurs;
450 avocats;
300 médecins;
176 chirurgiens;
250 sages-femmes;

100 pharmaciens;
2.200 artistes, musiciens et écrivains;
9.800 prêtres séculiers;
8.776 moines et religieuses.

Depuis l'année 1870, le bureau statistique de Bucarest publie des tableaux détaillés sur le mouvement de la population, d'après les données fournies par les bureaux de l'état-civil.

En 1870, le nombre des mariages s'est élevé à 30.819, celui des naissances à 147.552 et celui des décès à 111.963.

Sur les 61.638 conjoints qui ont contracté mariage durant le cours de l'année 1870, 57.710 appartiennent à la religion grecque; 1058 sont catholiques, 52 protestants, 102 arméniens, 52 Lipovanes (secte de la religion grecque), et 2.662 israélites. Pendant les seuls mois de Janvier et Février il a été contracté 16.732 mariages, c'est-à-dire plus que dans les dix autres mois de l'année (14.087).

Le divorce est autorisé en Roumanie par la loi civile et par loi religieuse. Cette dernière permet à ceux qui ont divorcé légalement de se remarier jusqu'à trois fois; la loi civile ne contient à cet égard aucune disposition restrictive. En 1870, 2399 hommes et 3049 femmes ont contracté un second mariage (après divorce préalable); 57 hommes et 85 femmes ont convolé en troisièmes noces.

Le chiffre le plus considérable des naissances (voir le tableau ci-joint) correspond au mois de Février, et le plus faible au mois de Décembre.

Le nombre des naissances illégitimes a été de 3,2%. Les enfants mort-nés ont été au nombre de 3947, et les enfants-trouvés au nombre de 336. On a constaté 1119 naissances de jumeaux et 19 accouchements triples.

Le chiffre le plus élevé de la mortalité correspond aux mois de Janvier, Février et Mars, le plus faible aux mois de Mai et Juin.

Parmi les décès, 14.882 ont eu lieu à un âge inférieur à six mois, 8535 entre 6 mois et un an; 21.561 de 1 an à 5 ans; soit ensemble 44.979 décès (40,1%) au-dessous de cinq ans.

Il s'est produit 5511 décès à l'âge de 70 à 80 ans; 1992 de 80 à 90; 674 de 90 à cent ans; 212 au-dessus de cent ans; soit, en tout, 8429 décès au-dessus de 70 ans, donc 75 pour 1000 du chiffre total de la mortalité.

Mouvement de la population en 1870.

Mouvement de la population	Nombre total	pour 1000 du chiffre de la population	Mois: Janvier	Février	Mars	Avril	Mai	Juin	Juillet	Août	Septembre	Octobre	Novembre	Décembre
			Mouvements constatés											
Naissances . .	147.522	2,90	76 11.126	97 14.300	101 15.062	94 13.944	84 12.500	76 11.213	89 13.068	78 11.651	75 11.094	92 13.623	77 11.390	54 8.081
Décès	111.963	0,23	101 11.369	101 11.345	109 12.253	93 10.435	68 7.629	59 6.680	76 8.575	88 9.879	74 8.387	69 7.793	71 7.975	87 9.743
Mariages . . .	30.819	0,6	271 8.365	271 8.367	6 184	13 422	35 1.075	27 835	36 1.118	26 804	36 1.148	79 2.447	133 4.111	63 1943

Les petits chiffres signifient (en négligeant les décimales) la proportion par 1000 du nombre total des naissances, décès et mariages.

Naissances: hommes 78.157 (535 par 1000), femmes 69.385 (465 par 1000).
Décès: „ 71.514 (550 par 1000), „ 50.449 (450 par 1000).
Excédant des naissances sur les décès: 35.589 (70 par 1000); par conséquent, augmentation de la population en 1870: = 35.000 âmes.

III. Gouvernement et Administration.

Constitution. — Chambre des Députés. — Sénat. — Ministère. — Diplomatie roumaine et étrangère. — Division administrative. — Districts, arrondissements, communes urbaines et rurales. — Administration de la Justice.

La Constitution (30 Juin 1866) repose sur les principes les plus libéraux. Elle garantit la liberté des cultes et de l'enseignement, la liberté de la presse, le droit de réunion, l'égalité absolue des droits pour toutes les classes sans distinction et l'admissibilité de tous les citoyens aux emplois publics.

Le ministère est responsable vis-à-vis de l'Assemblée nationale.

La représentation nationale se compose du Sénat et de la Chambre des députés. Pour l'élection des membres de la Chambre des députés, le corps électoral de chacun des 33 districts est divisé en quatre colléges. Font partie du premier collége les propriétaires, qui ont un revenu foncier supérieur à 300 ducats, (grande propriété). et du second ceux qui ont un revenu inférieur à 300 ducats, jusquà 100 inclusivement (petite propriété). Font partie du troisème (collége des villes) les commerçants et les industriels qui paient à l'Etat un impôt de 80 piastres. Sont exempts de cens dans ce collége tous les électeurs appartenant aux professions libérales, les officiers en retraite, les professeurs et les pensionnaires de l'Etat.

Ces trois colléges élisent directement: les deux premiers un député chacun, et le troisième, savoir, les villes de:

Bucarest, 6; Jassy, 4: Craïova, Galatzi, Ploïesti, Fokchani, Berlad, Botoschani, chacune 3; Pitesti, Bacau, Braïla, Roman, Turno-Severin, chacune 2; en tout 58 deputés.

Font partie du quatriéme colllége tous ceux qui paient un impôt à l'Etat, si minime qu'il soit, et qui ne sont pas compris dans une des catégories ci-dessus. Ce collége choisit au second degré un député par district.

Le Sénat se compose de 68 membres, sans compter l'héritier du trône, les métropolitains et les évêques diocésains, qui sont sénateurs de droit. L'héritier du trône est sénateur à 18 ans; mais il n'a voix délibérative qu'à 25.

Les membres du Sénat sont élus à raison de deux par district, savoir: l'un par le premier collége, composé des grands propriétaires terriers qui jouissent d'un revenu supérieur à 400 ducats; l'autre par le second collége des chefs-lieux, composé des propriétaires d'immeubles donnant un revenu inférieur à 300 ducats. Les Universités de Jassy et de Bucarest envoient chacune au Sénat un membre choisi parmi leurs professeurs.

Les députés sont élus pour quatre ans, les sénateurs pour huit ans; ces derniers se renouvellent tous les quatre ans par la voie du sort.

Le Conseil des ministres se compose de sept membres, portant le titre de Secrétaires d'Etat aux départements suivants:

Intérieur — Justice — Affaires étrangères — Guerre — Cultes et Instruction publique — Finances — Agriculture, Commerce et travaux publics.

La Roumanie a le droit de contracter des traités avec les puissances étrangères et de se faire représenter auprès d'elles.

La Principauté entretient 7 Agents diplomatiques qui ont mission de la représenter et de servir les intérêts du pays, savoir: à Vienne (pour l'Autriche-Hongrie), à St. Pétersbourg (pour la Russie), à Paris (pour la France et l'Angleterre), à Constantinople (pour la Turquie), à Berlin (pour l'Empire allemand), à Rome (pour l'Italie), et à Belgrade pour la Serbie. Des agents commerciaux fonctionnent en son nom dans plusieurs des ports ottomans du Danube.

La plupart des puissances étrangères ont des représentants auprès du gouvernement roumain. Les consulats-généraux russes et autrichiens existent depuis la paix de Kainardj, le consulat-général de France depuis la première République, et celui d'Angleterre depuis 1802.

Les Agents diplomatiques et Consuls accrédités en Roumanie par les puissances étrangères sont les suivants:

Amérique: (Etats-Unis): un consul à Bucarest et un consul à Galatzi.

Autriche-Hongrie: Un agent politique et consul général à Bucarest, des consuls à Galatzi, à Braïla et à Jassy.

Belgique: Un consul général à Bucarest, des consuls à Galatzi et à Braïla.

Allemagne: Un agent et consul général à Bucarest: un consul à Jassy.

Danemarck: Un consul à Galatzi.

France; Un agent et consul général à Bucarest, des consuls à Galatzi, à Braïla et à Jassy.

Grande Bretagne: Un agent et consul général à Bucarest, des consuls à Galatzi, à Braïla et à Jassy.

Grèce: Des consuls à Bucarest et à Jassy.

Italie: Un agent et consul général à Bucarest, un consul à Galatzi.

Pays-Bas: Un consul général à Bucarest.

Russie: Un agent et consul général à Bucarest, des consuls à Galatzi, à Ismaïla et à Jassy.

Serbie: Un agent à Bucarest.

Suède: Un consul à Galatzi.

La Roumanie est divisée en 33 districts et 164 arrondissements. Les districts sont administrés par des préfets et les arrondissements par des sous-préfets. Sur les 3082 communes qu'elle renferme, 62 sont urbaines et 3020 rurales. Ces dernières comprennent 7402 bourgs, villages ou hameaux. Chaque district possède un Conseil général librement élu pour veiller aux intérêts locaux. Les villes, qui se divisent en 7 villes de premier rang et 55 de second rang, ont à leur tête des maires, à côté desquels siégent des Conseils municipaux. L'administration des communes est confiée à des magistrats municipaux librement élus et confirmés par le gouvernement.

La division administrative de la Roumanie est la suivante:

	Districts (Préfectures)	Arrondissements	Communes urbaines	Communes rurales	Habitants	Chefs-lieux de District
1	Mehedintzi . . .	7	3	189	192.879	Sévérin
2	Gorje	6	1	154	142.960	Jiu (Tergu)
3	Valcea	7	3	164	155.695	Romnic
4	Ardgèche . . .	7	2	141	167.190	Pitesti
5	Mustchelle . . .	5	1	84	81.625	Campolung
6	Dimbovitza . . .	7	3	115	141.985	Tergoviste
7	Prahova	7	6	159	220.445	Ploiesti
8	Buzéo	6	2	106	144.326	Buzéo
9	Romnic-Sarat . .	7	1	85	90.905	Romnic-Sarat
10	Putna	5	3	82	160.840	Fokchani
11	Bacau	5	2	83	180.638	Bacau
12	Niamtzo	5	2	51	153.745	Piatra
13	Sutchava . . .	4	1	61	125.299	Faltitcheni
14	Dorohoye	6	3	64	121.745	Dorohoye
15	Botochani . . .	6	2	50	151.481	Botochani
16	Jassy	7	2	76	181.785	Jassy
17	Roman	4	1	76	105.002	Roman
18	Vaslui	5	1	68	104.160	Vaslui
19	Tutova	5	1	78	126.851	Berlad
20	Faltchii	4	1	72	87.870	Houchi
21	Cahoul	3	1	45	44.701	Cahoul
22	Bolgrad	3	1	61	51.231	Bolgrad
23	Ismaïl	—	4	2	40.700	Ismaïl
24	Covurlui . . .	3	1	43	116.520	Galatzi
25	Técoutchi . . .	4	1	56	114.527	Tecoutchi
26	Braïla	2	1	50	68,277	Braïla
27	Jalomitza . . .	4	1	87	83.780	Stirbey
28	Ilfove	6	2	119	375.925	Bucarest
29	Vlachca	4	1	110	140.574	Giurgévo
30	Téléorman . . .	4	4	134	148.498	Magourelle-T.
31	Olt	4	1	100	104.925	Slatina
32	Romanatzi . . .	5	1	110	133.095	Carracal
33	Doljo	7	1	145	229.969	Craïova
	Total . .	164	62	3020	4,490.277 *)	

La législation roumaine est basée sur le Code Napoléon, qui a dû cependant subir quelques modifications pour être approprié aux moeurs, au droit coutumier et aux conditions locales du pays. Jusqu'à sa promulgation, en 1862, la Moldavie était régie par le Code du prince Callimachi, et la Valachie par celui du prince Caradje. Ces deux Codes étaient des compilations de l'ancien droit byzantin et avaient été remplacés, au commencement du 17e siècle par la législation du prince Basile Loupou, en Moldavie, et par celle du prince Bessaraba, en Valachie.

Au sommet de l'organisation judiciaire fonctionne la Cour de Cassation, qui siége à Bucarest, et se compose de 24 conseillers. Quatre Cours d'appel, à Bucarest, Jassy, Craïova et Fokschani, rendent la justice en seconde instance. Dans chacun des 33 districts fonctionne un tribunal de première instance, dont la compétence

*) Chiffre de la population d'après le recensement de 1860.

s'étend à tout le district, ayant à côté de lui une Cour d'assises pour juger les causes criminelles. Des Tribunaux de commerce fonctionnent à Bucarest, Jassy, Galatzi et Braïla.

Dans les 16 établissements pénitentiaires se trouvent en moyenne 3000 détenus, parmi lesquels les femmes ne figurent que pour une proportion insignifiante (en 1866, contre 2800 détenus hommes, il n' y avait que 103 femmes).

Une partie des condamnés aux travaux forcés sont employés aux mines de sel d'Ocna, Téléga, Slanic et Ocna-Mari, moyennant rétribution.

Dans les prisons d'Ocna et de Margineni, les condamnés s'occupent du tissage des draps, de la tannerie, de la cordonnerie, de la corderie et de la boissellerie. Ils peuvent, grâce aux produits de leur travail, mettre de côté quelques économies.

Le chiffre proportionnel le plus élevé des condamnations pour crimes s'applique aux hommes de 20 à 30 ans. Les crimes ou délits les plus fréquents sont le vol simple ou qualifié, le vol de bestiaux et l'homicide. Les crimes contre les moeurs sont très rares.

IV. Budget.

Recettes. — Dépenses. — Dette publique. — Domaines de l'Etat. — Cours de la Rente.

Les finances de l'Etat sont dans une situation normale et satisfaisante. Par suite de l'établissement des nouveaux impôts, les recettes ordinaires et extraordinaires suffisent à couvrir les dépenses courantes.

Une partie importante des recettes provient des revenus des domaines de l'Etat (environ 20 millions de francs), qui égalent le produit des contributions directes.

Le tabbleau ci-joint donne le détail du budget de 1872.

Les impôts directs se subdivisent comme suit:

Contribution personelle	9,796.480	Fr.
Prestation pour les routes . . .	3,182.176	„
Patentes	1.744.108	„
Impôt foncier	5,600.000	„
Droits de mutation	354.000	„
Total . . .	20,676.766	Fr.

Les contributions indirectes consistent en:

Droits de douane	9,260.000 Fr.
Monopole du sel	5,100.000 „
Impôts sur les boissons	1,720.000 „
Impôts sur le tabac	377.000 „
Taxes judiciaires	700.000 „
Impôts sur les transactions commerc.	610.000 „
Amendes judiciaires	128.000 „
Passeports et visas	60.986 „
. . . .	18.000 „
Total . . .	17,974.586 Fr.

Parmi les recettes extraordinaires figure un solde de compte du gouvernement russe pour une valeur de 462.874 francs.

Depuis 1872 la vente du tabac constitue un monopole de l'Etat, dont l'exploitation a été concédée à une Société moyennant un fermage annuel.

L'impôt du timbre a été également décrété en 1872.

La dette flottante a été consolidée en 1871, à l'aide d'un emprunt de 78 millions, qui a été entièrement couvert en peu de jours dans le pays même.

Comme il résulte du tableau ci-après, la dette publique s'élève à 144 millions de francs, dont 60 millions pour emprunts de chemins de fer et ponts.

Titres	*Pour cent*	*Capital nominal*	*Dépenses annuelles*	*Remboursable*	*Reste dû*
a) Dette intérieure:					
Obligations domaniales de 1871	8	78,000.000	8,000.000	1891	78,000.000
b) Dette extérieure:					
Emprunt Stern 1864	7	22,730.370	2,235.875	1688	18,937.500
Emprunt Oppenheim	8	31,610,500	3,048.200	1889	27.802.000
Emprunt des chemins de fer 1868 (Anglo-Austrian-Bank)	$7^1/_2$	37,500.000	?	1876	8,040.000
Emprunt pour construction de ponts 1865	?	23,092.384	?	1882	11,690.519
Etat de la Dette publique au 1er Juillet 1872 . .					144,470.019

Le cours de la Rente est actuellement plus élevé qu'il ne l'a jamais été. Les Obligations, créées pour indemniser les propriétaires terriers de la cession de leurs biens aux paysans, qui ne pouvaient s'escompter, en 1856, qu'avec 50% de perte, sont aujourd'hui au-dessus du pair.

Budget de l'Etat du service 1872.

Recettes	Francs	Dépenses	Francs
I. Contributions directes	20,676.766	Conseil des Ministres	42.848
II. Contributions indirectes	17,974.586	Ministère de l'Intérieur	9,196.701
III. Revenu des domaines de l'Etat	19,796.217	„ de la Justice	3,933.097
IV. Postes, télégraphes, chemins de fer	3,553.475	„ des Affaires étrangères	661.601
V. Ventes de domaines de l'Etat	2,138.946	„ des Cultes et de l'Instruction publique	8,298.962
V. Revenus divers	1,578.499	„ de la Guerre	15,244.884
VI. Revenus extraordinaires	14,162.965	„ des Travaux publics	6,029.233
VII. Dette flottante	10,001.000	„ des Finances	43,870.673
Total	89,882.457	Total	87,218.673

Balance.

Recettes	89,882.457	Francs
Dépenses	87,218.001	„
Excédant de recettes	2,664.456	„

V. Armée.

Service obligatoire. — Durée du service. — Organisation de l'Armée. — Armée permanente. — Armée territoriale. — Milice (Landwehr) et levée en masse. — Effectif. — Pied de guerre.

Le service militaire est obligatoire en Roumanie. Aux termes de la loi complémentaire de 1872, tous les Roumains, sans exception, sont tenus à servir de 20 à 36 ans, savoir : 4 ans dans l'armée active, 4 ans dans la réserve de l'armée active, 4 ans dans la Landwehr et 4 ans dans la réserve de la Landwehr. De 36 à 50 ans ils sont incorporés dans la garde nationale s'ils habitent une ville, et dans la Landsturm ou levée en masse s'ils habitent la campagne.

La force armée de la Roumanie se compose, dans son ensemble, de quatre éléments : 1° l'armée permanente avec sa réserve ; 2° l'armée territoriale avec sa réserve ; 3° la milice ou Landwehr ; 4° la garde nationale dans les villes et la levée en masse dans les campagnes.

L'armée permanente et l'armée territoriale ont exactement la même organisation tactique en régiments et bataillons d'infanterie, régiments et escadrons de cavalerie, régiments et batteries d'artillerie.

Les armes spéciales, l'état-major, l'administration, l'intendance, le génie et l'artillerie, le train des équipages et le service de santé appartiennent à l'armée permanente.

Cette dernière n'a pas de garnison fixe ; elle peut être cantonnée partout, tandis que l'armée territoriale, en temps de paix, ne doit pas être éloignée de son district de recrutement. L'armée permanente, en temps de paix, a toujours son effectif au complet, tandis que l'armée territoriale n'a que ses cadres et le quart des hommes présents sous les drapeaux. L'effectif de l'armée territoriale est, en effet, divisé en quatre parties, qui chaque mois font l'une après l'autre une semaine de service, et ont ensuite trois semaines de congé. Toutefois, pour les revues d'inspection, pour les grandes manœuvres et aussi souvent que le gouvernement le croit utile, l'effectif de l'armée territoriale est appelé sous les armes au grand complet, et doit être réuni dans l'espace de trois jours. Les compagnies d'infanterie et les pelotons de cavalerie se concentrent aux chefs-lieux de sous-préfecture ; les bataillons, les escadrons et les batteries d'artillerie aux chefs-lieux de préfecture, où ils attendent les ordres ultérieurs.

L'organisation de l'armée territoriale repose sur d'anciennes traditions, devenues chères au pays et qui ont l'immense avantage d'être peu coûteuses pour le budget, puisqu'il n'y a qu'un quart de l'effectif à entretenir à la fois, et que cependant, en cas de besoin, l'Etat est à même de pouvoir disposer immédiatement d'un nombre quadruple de soldats parfaitement exercés et disciplinés.

Le soldat de l'armée territoriale, qui n'a que huit jours de service à faire chaque mois, reste, pour ce motif, sept ans en activité, tandis que celui de l'armée permanente reste quatre ans en service actif et quatre ans dans la réserve. C'est le sort qui désigne chaque année, parmi les jeunes gens appelés au service, ceux qui doivent faire partie de l'armée permanente et ceux qui doivent faire partie de l'armée territoriale.

L'organisation de l'armée territoriale a en outre ce grand avantage, qu'elle enlève moins de bras à l'agriculture et à l'industrie d'une manière durable, puisque les hommes qui la composent peuvent reprendre, durant leurs congés mensuels, l'exercice de leur profession.

L'armement et l'instruction de l'armée territoriale et de l'armée permanente sont exactement identiques, ainsi que leur organisation au point de vue tactique. L'uniforme se distingue seulement par les passe-poils.

La milice (Landwehr), qui constitue le troisième élément de la force armée, est destinée à opérer en seconde ligne, en cas de guerre, avec l'armée active. Elle se compose de bataillons et d'escadrons, commandés par des officiers et des sous-officiers ayant servi dans l'armée active, et comprend tous les hommes de 18 à 36 ans qui ont obtenu leur congé dans l'armée active. Elle se réunit à des époques déterminées pour des exercices de courte durée, mais ne peut être appelée au service qu'en cas de guerre.

Tous les hommes valides de 35 à 50 ans forment la garde nationale dans les villes, et la levée en masse (Landsturm) dans les campagnes; ils constituent le quatrième élément des forces militaires, destiné à l'intérieur à l'armée active lorsqu'elle fait campagne, et à former des colonnes mobiles pour la défense du pays et des foyers domestiques.

Font également partie de l'armée permanente à l'état-major, l'intendance l'administration, le corps sanitaire, l'Ecole militaire préparatoire de Jassy, l'école militaire de Bucarest, et l'Académie militaire.

L'armée est fournie de tout le matériel nécessaire pour se mettre au premier appel sur le pied de guerre; l'armement est excellent: l'infanterie a des fusils à aiguille et l'artillerie des canons Krupp.

Le corps d'officiers, surtout dans les armes spéciales, contient un grand nombre d'officiers qui ont fait leurs études avec distinction à l'étranger, dans les écoles militaires, servi dans les armées étrangères ou assisté comme volontaires aux dernières campagnes pour se perfectionner dans l'art militaire.

La Roumanie peut mettre sur pied une armée de 100.000 hommes.

L'effectif de l'armée est le suivant:

Armée:	Officiers	Hommes	Total	Chevaux
Généraux	6	—	5 }	54
Etat-major général	18	—	18 }	
Intendance et Administration	57	549	606	163
Infanterie (8 rég. à 2 bat.)	479	10.797	11.276	92
Cavalerie (2 rég. à 4 escadr.)	76	1.170	1.246	978
Artillerie (2 rég. ou 12 batt.) . . .	90	1.910	2.000	951
Génie, 1 bataillon	25	534	559	3
Pompiers, 1 bataillon	29	871	900	207
Gendarmerie (2 escadrons)	6	260	266	206
Ecoles militaires	33	160	193	—
Académie des Officiers	15	80	95	73
Service sanitaire	51	357	408	2
Total .	884	16.688	17.572	2.729
Armée territoriale:				
Infanterie (8 rég., en tout 45 bat.) . .	367	23.200	23.567	379
Cavalerie (8 rég., en tout 33 escadr.) .	137	12.446	12.583	12.501
Total	504	35.646	36.150	12.501
Total de l'effectif . .	1.388	52.334	53.722	15.609

La marine de guerre se compose de 2 bateaux à vapeur, 6 canonnières, 400 hommes.

VI. Voies de communication.

Routes et chaussées. — Ponts de fer. — Voies fluviales. — La Société autrichienne de navigation du Danube. — Mouvement de la navigation. — Postes et Télégraphes.

En 1861, la Roumanie ne possédait que 700 kilomètres de routes carrossables, qui n'étaient même pas reliées entre elles de façon à former une ligne continue et étaient en outre mal entretenues. En 1866, les routes carrossables atteignaient déjà une longueur de 1500 kilomètres à peu près; et aujourd'hui elles forment un réseau de 4266 kilomètres, dont 2045 de routes empierrées et macadamisées, qui relient entre elles les villes principales et forment un trait d'union entre le pays et l'étranger. En outre, 5000 kilomètres de chaussées et de chemins vicinaux sont en voie de construction, de sorte qu'à la fin de 1874 la Roumanie possédera plus de 10,000 kilomètres de voies carrossables.

Jusqu'à ces dernières années il n'y avait, dans tout le pays, que des ponts de bois, dont les réparations incessantes nécessitaient l'emploi d'une énorme quantité de bois de construction, ce qui, dans l'espace des siècles, n'a pas peu contribué à déboiser les magnifiques forêts de la plaine.

L'emprunt de 23 millions, contracté en 1867, a été spécialement consacré à la construction de ponts en fer pour les chaussées. 24 ponts de fer (sans compter les ponts de chemins de fer) sont déjà achevés. La construction du pont suspendu, de 3 kilomètres de longueur, sur le Danube, près de Giurgévo - Rustschuk, dont les plans sont déjà approuvés, va doter la Roumanie d'un des plus grands ponts de l'Europe. Il reliera les chemins de fer roumains avec le réseau ottoman, dans la direction de Varna et de Constantinople.

Pour faciliter ces travaux, dont le prompt achèvement est pour ainsi dire indispensable au développement du commerce et de l'industrie, une loi spéciale a été votée, par laquelle tous les citoyens sont tenus à un certain nombre de jours de travail chaque année pour la confection des routes.

Les habitants des villes s'acquittent de cette prestation moyennant une somme déterminée; ceux des campagnes font le travail en nature.

Les routes les plus importantes sont les suivantes:

De Verciorova (près Orsova) à Crajova, Slatina, Pitesti, Bucarest, Ploiesti, Buzéo, Rimnic-Sarat, Fokchani, Bacau, Roman, Dorohoye, jusqu'aux confins de la Bucovine;

Verciorova, Tschernetz, Calafat, le long du Danube;

Craïova- Calafat;

Craïova, Tergu-Jiu, traversant le pas de Vulcain, vers la Transylvanie;

La route de la vallée de l'Olt, d'Islaz (près du confluent de l'Olt et du Danube, en face de Nicopolis), qui traverse Carracal, Slatina, Romnic, Valci et le col de Turno-Roche pour aboutir à Hermanstadt;

de Slatina par Rochi-de-Vade à Turno Magurelle, sur le Danube;

Pitesti, Curti- d'Ardgèche, Campulung, à travers le défilé de Bran, dans la direction de la Transylvanie;

de Ploiesti- Valleni, à travers le pas de Timèche, à Cronstadt;

de Ploiesti-Valleni, à travers le pas de Buzéo (Bodza), vers la Transylvanie;

de Fokchan-Adjud, à travers le pas d'Oïtuz, vers la Transylvanie;

de Bacau-Comanesti, à travers le pas de Gymèche, vers la Transylvanie;

de Bacau-Piatra (dans la vallée de la Bistritza), à travers les défilés de Bikaza et de Toulgèche, vers la Transylvanie;

de Jassy, par Botochani, à Sereth (en Bucovine).

de Jassy, par Rozna, à Faltitchéni;

de Galatzi, par Técutch, à Bacau;

de Bucarest à Giurgévo, sur le Danube;

de Bucarest-Brosteni-Braïla à Galatzi;

Les routes ci-après se dirigent vers la Russie, savoir:

Dans la direction de Kischeneff — Odessa:

De Bacau, par Vaslui, à Houchi;

de Jassy à Houchi;

de Galatzi-Réni, Ismaïl (sur le Danube) à Leova.

Dans la direction d'Ackerman (Bessarabie russe):

Réni-Bolgrad

Ismaïl-Bolgrad.

Le Danube, qui longe les frontières du pays sur une distance de 560 kilomètres, est la voie navigable la plus importante de la Roumanie. Non-seulement il sert d'intermédiaire pour la plus grande partie des importations et des exportations de la Roumanie et constitue une des principales routes de transit pour le commerce universel, mais il sert aussi au trafic intérieur entre les ports principaux, et notamment au transport des céréales et autres articles d'exportation aux entrepôts de Braïla, de Galatzi et d'Ismaïl, qui peuvent être considérés comme des ports de la mer Noire.

La Roumanie possède les ports suivants sur le Danube, savoir; Verciorova, Sévérin, Gruïa, Calafat, Béket, Islaz, Turno, Zimnicéa, Giurgévo. Oltenitza, Stirbey, Jalomitza, Braïla, Galatzi, Réni, Ismaïl, Kilia, Vilcove.

La rive roumaine de la mer Noire, par son peu de profondeur, ne se prête pas à l'établissement de ports maritimes.

Les opérations de trafic et de transport par le Danube sont accomplis pour la plus grande partie par la Société autrichienne de navigation à vapeur du Danube, qui a son siége à Vienne.

Elle a employé en 1872, pour le service de ses 81 stations dans la principauté de Roumanie, 29 bateaux à vapeur (dont 11 bateaux pour voyageurs, 7 bateaux pour marchandises, 9 remorqueurs, 2 bateaux à hélice), jaugeant ensemble 7.620 tonnes et ayant un personnel d'environ 600 hommes d'équipage.

En 1872 (y compris les arrivées et les départs) elle a transporté:

Voyageurs . . .		415.094
Marchandises . .	800.202	
Céréales . . .	1,135.221	
Charbons . . .	866.290	2,822.783 kilos
Porcs		11.046

Groupes divers pour la valeur de 55,120.660 francs.

Parmi les marchandises qu'elle a transportées figurent principalement les articles qui suivent:

La bière, l'eau-de-vie et l'esprit-de-vin, la graisse, le suif, les fers bruts et ouvrés, les cuirs et peaux brutes, la laine, les bois de construction, la farine et les produits farineux, le pétrolo, le sol et le salpêtre, les denrées coloniales, les fruits du Midi, le riz, le marbre, les ouvrages en pierre, les machines, l'huile, les fils et tissus, le coton, les cotonnades, le charbon, le ciment, les bougies, le savon, le sucre et le sirop.

En dehors du Danube, il n'y a que le Pruth, le second fleuve du pays, qui soit exploité par des bateaux à vapeur. Ils remontent jusqu'à Jassy-Sculeni.

Il se fait en outre sur ce fleuve un transport assez considérable par barques des blés de la Bucovine et de la Haute-Moldavie.

Le Sereth charrie des trains de bois flotté pour une valeur d'environ 3 millions de francs.

On s'occupe en ce moment de rendre le Schyl navigable de Béket à l'embouchure de la Tasmania.

On est en train de construire, dans les ports de Galatzi, de Braïla et de Giurgévo, des quais vastes et solides, avec des dispositions convenables pour l'arrivée et le départ des navires, ainsi que des entrepôts pour le magasinage des marchandises.

Relativement au mouvement de la navigation dans les ports principaux, voir le tableau à la fin du chapitre.

Les chemins de fer actuellement en exploitation possèdent une longueur de 936 kilomètres; les voies en construction mesurent 297 kilomètres, — soit ensemble 1233 kilomètres. La ligne déjà en exploitation d'Itzcani (près Soutchava, aux confins des la Moldavie et de la Bucovine) par Roman, Fokchani, Galatzi, Braïla, Bucarest à Pitesti, avec les embranchements vers Botochani, Jassy-Pruth, Berlat, Giurgévo, traverse tout le pays en formant un arc de cercle ouvert au nord-est, et réunit entre elles les principales villes de Roumanie. Cette grande artère se raccordera au réseau hongrois par l'embranchement de Pitesti-Verciorova (frontière occidentale près d'Orsova), qui est déjà en voie de construction, et dont les 277 kilomètres doivent être mis en exploitation, d'après les termes du contrat de concession, le 1er Janvier 1874.

La jonction du réseau roumain avec les chemins russes se fera également, dans le courant de cette année, par l'ouverture de l'embranchement de Jassy - Pruth, sur la ligne de Kischeneff - Odessa.

L'embranchement de Tergoviste à Perisna (ligne de Bucarest à Roman) est déjà concédé.

Un autre projet, dont la réalisation serait d'une haute importance pour le commerce et dont l'exécution semble ne pouvoir être longtemps ajournée, serait une ligne joignant les ports de Kilia et Galatzi, le long du Danube. D'une plus haute importance encore pour le développement économique du pays et l'écoulement de ses produits est la question de la jonction des chemins roumains avec ceux de la Transylvanie, dont la discussion est en ce moment à l'ordre du jour.

Les lignes de Bucarest à Giurgévo et de Jassy à Pruth sont administrées par l'Etat.

La ligne Itzcani-Roman-Jassy appartient à la Société Lemberg-Jassy, et les lignes de Roman, Bucarest, Pitesti, Verciorova à celle des chemins de fer roumains.

L'exploitation de ces deux lignes a donné, pour le premier semestre de 1873, les résultats suivants:

Chemin de Lemberg à Jassy.		
Voyageurs . . .	114.024	
Marchandises . .	56,917.613	tonnes
Recettes totales .	1,297.855	francs
Chemins roumains.		
Voyageurs . . .	289.802	
Marchandises . .	150,608.358	tonnes
Recettes totales .	3,545.942	francs

Les télégraphes de l'Etat ont une longueur totale de 3525 kilom. avec une longueur de fils de 5707 kilom.

Le service des dépêches est fait dans 66 bureaux ouverts au public. Il y a en outre 2 stations pour le service du Prince régnant et du ministre de l'intérieur, et 12 stations, dans les villes principales, pour le service des pompiers.

Les recettes de l'administration télégraphique se sont élevées en 1872 à environ 1 million de francs, et celles de l'administration des postes à 1 million et demi.

Des bureaux de poste, chargés de l'expédition des lettres, des envois d'argent et des paquets, sont installés dans toutes les localités importantes.

Navigation des principaux ports du Danube, de 1870 à 1872.

Ports	Entrées						Sorties					
	1870		1871		1872		1870		1871		1872	
	Navires	*Tonnes*	*Navires*	*Tonnes*	*Navires*	*Tonnes*	*Navires*	*Tonnes*	*Navires*	*Tonnes*	*Navires*	*Tonnes*
Braïla . . .	4.936	867.189	4.738	897.808	4.353	798.719	6.697	821.274	4.488	852.441	4.270	788.602
Galatzi . . .	4.628	611.860	3.862	568.781	4.349	653.191	4.573	586.390	3.852	569.978	4.203	635.750
Giurgévo . .	772	151.057	1.090	226.234	1.339	286.169	761	148.495	1.045	215.633	1,265	271.815
Ismaïl . . .	585	50.424	721	79.691	794	81.445	582	50.408	726	79.501	790	81.711
Sévérin . . .	.	.	771	151.639	1.474	253.862	.	.	774	152.442	1,466	258.128
Stirbey . .	.	.	.	.	1.724	44.023	.	.	.	.	1,729	44.499
Calafat . . .	.	.	.	.	464	88.152	.	.	.	.	464	88.152
Olténitza . . .	.	.	.	.	392	54.757	.	.	.	.	393	54.757
Béket . . .	.	.	.	.	689	29.247	.	.	.	,	686	26.513
Total					15.578	2289565	Total				15.266	2249927

VII. Culte.

Eglise grecque-orthodoxe. — Division diocésaine. — Eglises, couvents, clergé. — Lipovanes. — Arméniens. — Catholiques. — Protestants. — Israélites. — Mahométans.

L'église roumaine (grecque-orthodoxe) à laquelle appartiennent 4,250.000 habitants (85% de la population) et à la tête de laquelle est placé le Primat de Roumanie, siégeant à Bucarest, est indépendante de toute influence étrangère. Le pays est divisé en deux diocèses métropolitains (de Valachie et de Moldavie), ayant leurs siéges archiépiscopaux à Jassy et à Bucarest, et en six diocèses épiscopaux, ayant leurs siéges à Romnic, Roman, Buzéo, Houchi, Curtéa d'Ardgèche et Ismaïl.

Dans chaque diocèse se trouvent un tribunal ecclésiastique et un séminaire pour l'éducation des prêtres. Les 8 séminaires comptent ensemble 84 professeurs et 2003 élèves, dont une partie seulement se destine à l'état ecclésiastique.

L'Etat est entré en possession de la presque totalité des biens de l'Eglise et des couvents.

L'église grecque-orthodoxe possédait, en 1870, 6550 églises, dont 6370 sont entretenues par les communes et 188 par l'Etat; 42 monastères, 119 abbayes, 11 cloîtres, soit en tout 172 couvents, avec 9702 prêtres, 4762 moines et 4076 religieuses.

Au culte grec appartiennent les grecs-catholiques arméniens (10.000 âmes, 12 églises) et la secte des Lipovanes (9300 âmes, 10 églises).

En fait d'autres cultes, vivent en Roumanie:

Catholiques 200.000 (2 évêchés, 123 églises).
Protestants 50.000 (11 églises et maisons de prière).
Israélites 400.000 (279 temples et synagogues).
Mahométans : 1.500.

VIII. Instruction publique.

Ecoles élémentaires. — Ecoles secondaires. — Institutions privées. — Ecoles spéciales. — Universités. — Etudiants à l'étranger. — Statistique scolaire.

L'instruction est obligatoire, et depuis quelques années l'Etat, les conseils généraux des districts et les communes font de grands efforts pour augmenter le nombre des écoles élémentaires dans les campagnes, ainsi que pour former des instituteurs et des institutrices dans les séminaires et les écoles normales.

Sur les 1967 écoles rurales, 1769 sont entretenues par l'Etat, 198 par les districts et 8 par des associations privées. Dans les 246 écoles des communes urbaines, il y a en moyenne un instituteur ou une institutrice sur 45 élèves, et dans les écoles rurales un maître sur 29 élèves (garçons ou filles). Les 2221 écoles élémentaires ont été fréquentées au cours de l'année 1873 par 70.409 garçons et 11.736 filles, soit ensemble par 82.125 élèves.

Les écoles privées, les pensionnats et les institutions sont au nombre de 180 (103 pour les garçons, 77 pour les filles), avec un personnel de 855 instituteurs et institutrices et 9878 élèves (5973 garçons, 3905 filles), appartenant presque exclusivement aux classes élevées.

L'enseignement du second degré est donné dans:

14 gymnases à 7 classes, à Pitesti, Bacau, Buzéo, Galatzi, Jassy (2), Bucarest (3), Piatra, Ploiesti, Fokchani, Faltitchéni, Giurgévo, qui comptent ensemble 87 professeurs et 8143 élèves;

7 lycées également à 7 classes, à Botochani, Craïova, Jassy, Bucarest (2), Berlad et Bolgrad, ayant ensemble un personnel de 113 professeurs et 1734 élèves;

8 séminaires, où 81 professeurs instruisent 2038 élèves, qui se destinent en partie à l'état ecclésiastique;

6 écoles centrales et externats, où 24 professeurs et 14 maîtresses préparent 476 institutrices à la carrière de l'enseignement.

Dans l'asile Elena Domna, les jeunes orphelines auxquelles on reconnaît des capacités spéciales sont formées pour l'enseignement supérieur.

Les écoles spéciales comprennent, en dehors des établissements d'instruction militaire et agricole:

5 écoles supérieures de commerce, à Bucarest, Galatzi, Braïla, Ismaïl et Plosesti, avec 30 professeurs et 310 élèves;

1 école industrielle à Alexandria, avec 2 professeurs et 14 élèves;

8 écoles normales (séminaires) pour la formation des maîtres élémentaires, à Bucarest (2), Vatile- supu (Jassy) Ploiesti, Fokchani, Crajova, T. Jiului, Berlad, avec 66 instituteurs et 367 élèves;

1 école vétérinaire, avec 2 professeurs et 22 élèves;

3 écoles des arts et métiers, à Bucarest, Jassy et Craïova, avec 24 professeurs et 112 élèves;

2 écoles de musique et de déclamation à Jassy et Bucarest, avec 116 professeurs et 289 élèves des deux sexes, auxquels on enseigue le chant, la musique instrumentale, la composition et la déclamation.

2 Académies des Beaux-Arts à Bucarest et à Jassy, avec 52 élèves et 9 professeurs de peinture et de sculpture.

L'Université de Jassy comprend 3 Facultés, avec 21 professeurs et 155 étudiants;

L'Université de Bucarest (avec une Faculté de droit, de médecine et de philosophie et une école de pharmacie) compte 46 professeurs et 416 étudiants.

Il convient de noter qu'un grand nombre de jeunes gens vont chercher l'instruction scientifique supérieure en Autriche, en Allemagne et en France: spécialement les médecins, les ingénieurs, les avocats, les architectes et les artistes.

Le tableau à la page 31 indique le nombre des écoles et des membres du corps enseignant, ainsi que celui des élèves, qui ont fréquenté les établissements d'instruction publique et privée en 1873.

Statistique scolaire de 1873.

Etablissements d'enseignement	Ecoles				Corps enseignant				Elèves			
	Garçons	*Filles*	*Universités*	*Total*	*Professeurs*	*Instituteurs*	*Institutrices*	*Total*	*Garçons*	*Filles*	*Etudiants*	*Total*
I. Ecoles élémentaires:												
a) urbaines	136	110	.	246	.	355	216	571	18682	7478	.	26160
b) rurales	1891	84	.	1975	.	1831	78	1909	51727	4258	.	55985
Total .	2027	194	.	2221	.	2186	294	2480	70409	11736	.	82145
II. Ecoles secondaires . .	29	6	.	35	.	303	14	317	4974	476	.	5393
III. Etablissements d'instruction privée . . .	103	77	.	180	.	569	286	855	5973	3905	.	9878
IV. Ecoles spéciales . . .	22	.	.	22	154	.	.	155	1085	78	.	1163
V. Universités	.	.	2	2	67	.	.	67	.	.	571	571
Total .	2181	277	2	2460	221	3058	595	3874	82383	16195	571	99150

IX. Exploitation minérale.

Richesses minérales du pays. — Mines de sel gemme. — Pétrole. — Ambre noir. — Eaux minérales.

Le pays est riche en minéraux; mais leur exploitation n'a de réelle importance que pour quelques-uns d'entre eux, par suite du manque de bras et de l'état des voies de communication, qui jusqu à ces derniers temps étaient en trop petit nombre.

Sur la rive droite de l'Olt on trouve du beau marbre de différentes couleurs, et dans presque tous les districts d'excellente pierre à chaux et des moellons. Les meilleures pierres meulières sont extraites dans le district de Jassy. Le gypse, l'albâtre, l'argile et la terre à poterie sont abondants, ainsi que le savon minéral, la terre à foulage, la chaux hydraulique. Parmi les minerais qui n'ont pas encore été exploités, il faut ranger le quartz, l'alun, le mica, le talc, le soufre, et, parmi les sels, le natron.

Le soufre se rencontre dans les eaux minérales et à l'état pur.

La plupart des ruisseaux charrient de l'or. Dans les temps anciens il était ramassé par des esclaves bohémiens; et l'or ainsi recueilli revenait de droit aux princesses du pays. Mais actuellement cette exploitation ne saurait produire que des résultats trop minimes pour être appréciés.

Il existe sur plusieurs points des mines de fer de très bonne qualité. Les trous des anciennes minières démontrent qu'autrefois le cuivre, le fer et l'or donnaient lieu à une exploitation active.

Les régions montagneuses les plus riches en matières minérales paraissent être celles qui sont situées entre la Moldavie et la Valachie.

Le mercure suinte à l'état pur le long des fentes des grottes de la vallée de l'Olt, sans qu'on se soit encore occupé jusqu'à ce jour de l'exploiter.

L'exploitation minérale la plus importante du pays est celle du sel gemme, qui se trouve dans de puissants gisements de qualité incomparable dans les districts montagneux de Valcéa, Prahova, Buzéo, Romnic-Sarat, Putna, Bacau, accompagné de marne verte, gypse, argile dure, schiste, ocre et charbons de terre.

L'extraction du sel se fait dans le pays depuis les temps les plus reculés, comme l'indique le grand nombre de mines abandonnées que l'on rencontre.

Les mines de sel actuellement en pleine exploitation et qui appartiennent à l'Etat sont celles de Valcéa (district de Bacau), Slanica et Téléga (district de Prahova) et Ocna-Mari (district de Valcéa). Le sel le plus pur et le plus blanc provient de Slanica; celui d'Ocna est de qualité dure et brillante; celui de Telega est grisâtre, et celui d'Ocna-Mari contient des parties argileuses.

En 1872, il a été extrait 51 millions de kilos d'une valeur marchande de $5^1/_2$ millions de francs; il en a été exporté pour environ 1 million.

Les lagunes de la mer Noire déposent des cristaux de sel marin très volumineux et limpides; mais elles ne valent pas la peine d'être exploitées dans un pays si riche en sel gemme. Le peu de sel de mer qui est produit ne sert qu'à la consommation locale et à la salaison des viandes et des poissons.

En beaucoup d'endroits la couche supérieure des terrains est tellement pétrolifère, que l'atmosphère est imprégnée de vapeurs goudronnées et qu'on voit filtrer le pétrole*) à travers les pentes des collines.

On recueille le pétrole brut au titre de 36 à 38 degrés. Les puits ont une profondeur de 50 à 120 mètres; leur nombre était en 1872 de plus de 400, et ils ont livré à la consommation un total de 57.000 hectolitres, au prix marchand d'environ 5 millions de francs.

Le prix du pétrole roumain, qui, en 1871, était, à Vienne et à Constantinople d'un franc par vèdre (12 litres), est tombé en 1872, par suite des importations d'Amérique, à 60 centimes par vèdre.

Plus de 50 établissements se livrent au raffinage et à la distillation du pétrole, dont ils extraient du gaz, de l'huile dite solaire, de la parafine, du cherozène et d'autres produits dérivés.

Tout le long des Carpathes, aussi bien en Moldavie qu'en Valachie, a été constatée l'existence d'une couche renfermant du pétrole et des substances fossiles similaires, telles que la cire minérale (ozokérie), la poix fossile, le goudron minéral, ainsi que du charbon de terre, de l'anthracite et du lignite.

L'extraction des différentes espèces de houille, qui sont en partie de qualité supérieure, n'a pu avoir lieu jusqu'à présent sur une grande échelle, à cause des difficultés du transport.

L'ambre, un produit de la même formation que le pétrole et qu'on trouve dans la vallée de Buzéo, est de nuance foncée, presque noir. Il sert à la fabrication de chapelets et de bouquins. La poussière sert à parfumer les appartements, où on la brûle comme encens.

En outre des sources salines qui jaillissent dans toutes les contrées où se trouvent des gisements de sel, la Roumanie possède un grand nombre d'eaux minérales, où les habitants du pays vont prendre des bains. Ces eaux minérales ont les propriétés les plus diverses: elles sont salines, iodurées, ferrugineuses, sulfureuses, hépatiques, calcaires, chlorhydriques ou bicarbonatées. Récemment elles ont été soumises à des analyses chimiques et examinées au point de vue médical.

---

*) Voir „Notice sur la Roumanie", par la Commission princière de Roumanie à l'Exposition universelle de Paris 1867, pages 135 et 269, sur la formation du pétrole en Roumanie par Th. Foucault.

X. Agriculture.

Conditions générales. — Modes de faire valoir. — Propriété foncière. — Répartition des surfaces cultivées. — Moyenne de la production annuelle. — Blés. — Vins. — Bétail. — Pertes causés par des accidents climatologiques. Epizootie.

L'agriculture roumaine a pour base essentielle la grande fertilité naturelle du sol, qui, dans certains endroits, possède une force productrice équivalente à celle des célèbres terres noires de Russie. Les procédés artificiels et perfectionnés qu'on emploie ailleurs pour augmenter la production, tels que des engrais, les irrigations, les labours profonds, le drainage, sont laissés de côté.

L'assolement est triennal (blé, maïs et jachère). Il y a cependant des champs, en grand nombre, qui sont susceptibles de produire plusieurs années de suite la même espèce de céréales.

Les instruments agricoles sont pour la plupart assez imparfaits. Les baux, de courte durée, de 3 à 4 ans au plus, qui sont très nombreux, ne sont pas de nature à contribuer à l'amélioration des méthodes de culture, et ne servent qu'à augmenter l'étendue de la surface cultivée.

Le sol est exploité, soit par le propriétaire lui-même, soit par des fermiers.

Les propriétaires de terrains trop peu étendus ont recours au métayage, qui se fait contre le prélèvement d'un tiers ou d'un cinquième des produits du sol au profit du propriétaire qui fournit le terrain.

Maintes fois des communes entières se réunissent pour affermer ensemble des terrains d'une étendue considérable; chacun des participants paie une taxe proportionelle à l'étendue des champs qu'il cultive et au nombre des bestiaux qu'il élève.

La grande propriété foncière a commencé à adopter les méthodes d'exploitation rationnelles, et à introduire dans le pays des instruments perfectionnés, ainsi que des machines agricoles. Le nombre des batteuses à vapeur, de la force de 8 à 10 chevaux, qui fonctionnent actuellement en Roumanie, dépasse déjà 1200.

La situation économique du pays impose le système de culture extensive.

Dans les montagnes et dans une partie de la plaine domine presque exclusivement le pâturage simple.

Les grands propriétaires ont une tendance de plus en plus marquée à se consacrer eux-mêmes à la culture de leurs terres, et il est permis d'espérer que leur exemple exercera la plus heureuse influence sur l'agriculture nationale.

Le paysan roumain est très laborieux, en même temps qu'il a des goûts très sobres. Il se nourrit de légumes, de lait et de Mamaliga, ne mange que rarement de la viande et boit du moult de vin ou de l'eau-de-vie très légère. Ses capacités physiques et sa puissance de travail sont par suite moins grandes que dans les pays où la nature du sol nécessite de plus grands efforts et où l'homme a besoin, pour y suffire, d'un régime plus fortifiant.

L'agriculture est l'occupation principale de la population, dont les quatre cinquièmes (environ 4 millions d'âmes) sont employés aux travaux agricoles et aux industries qui s'y rattachent plus ou moins directement.

A la suite de l'affranchissement du sol, 300.000 pogones de terre sont devenus la propriété libre de 414.435 paysans, moyennant une indemnité de $32^1/_2$ millions de francs envers les propriétaires.

Le nombre des propriétaires terriers s'élève à environ 650.000. Dans ce nombre figurent 600.000 paysans ayant une propriété de 2 à 5 hectares. Il y a des propriétés particulières de 10 à 12,000 hectares. En moyenne, un grand propriétaire possède de 1500 à 2000 hectares. et un moyen propriétaire de 100 à 250.

Une des causes qui contribuent à entraver le développement de la culture est la possession, par l'Etat, de domaines immenses provenant de la sécularisatien des biens du clergé.

Cet obstacle tend d'ailleurs de plus en plus à disparaître; l'Etat met en vente chaque année des terres de mainmorte pour une valeur de 2 millions $^1/_2$ de francs.

La surface improductive couvrait encore, il y a quelques années, plus de 3,800.000 hectares. Tous les ans on en livre à la culture une assez grande partie.

La surface productive était, en 1867, de 12,636.618 pogones, savoir:

Jardins fruitiers . .	308.477	pogones
Terres arables . .	4,442.924	„
Prairies	1,848.775	„
Pâturages	5,845.135	„
Vignes	191.357	„

Les terres arables peuvent être divisées à peu près comme suit:

Champs de blé	1,119.119	pogones, ou	25,19%
„ „ seigle . . .	221.547	„ „	5,99%
„ „ maïs . . .	2,069.510	„ „	46,58%
„ „ orge . . .	453.928	„ „	10,32%
„ „ avoine . . .	121.880	„ „	2,75%
„ „ millet . . .	252.860	„ „	5,68%
„ „ autres cultures	204.080	„ „	4,59%

La production moyenne de l'année peut être évaluée à:

2,300.000	kilos de blé;
370.000	„ de seigle;
3,000.000	„ de maïs;
1,200.000	„ d'orge;
300.000	„ d'avoine;
370.000	„ de millet:

13 millions d'ocques de pois, haricots et lentilles;
$1^1/_2$ million „ de chanvre;
$^1/_2$ „ „ de lin;
4 millions de kilos (1872) de tabac;
10 „ d'ocques de pommes de terre;
2 „ charrettes (à 733 ocques) de foin.

La production moyenne d'un hectare s'élève, pour le blé, de 14 à 16 hectolitres (dans les meilleures années même de 20 à 22 hectolitres), et, pour le maïs, de 22 à 25, même jusqu'à 30 hectolitres.

Les blés de Mars donnent une récolte moins abondante; aussi les graines d'hiver couvrent-elles une plus grande portion des champs.

La grande place qu'occupe la culture du maïs tient à ce que la Mamaliga, que les femmes préparent avec sa farine, forme la principale nourriture des paysans, et à ce qu'on en exporte de grandes quantités, en même temps qu'on l'emploie fréquemment pour la fabrication de l'eau-de-vie.

Les espèces de blé les plus recherchées sont: le Ghirca, l'Arnaut, le Banat, le Sandomir, les blés blancs et rouges de Roumanie. Toutes ces qualités sont lourdes, dures et très farineuses.

Le seigle sert principalement à la fabrication de l'eau-de-vie. L'orge, produit en double quantité, sert à la brasserie et est employé comme fourrage. L'exportation de l'orge pour la préparation du malt commence à devenir très importante.

L'avoine est assez peu cultivée; le millet est employé comme fourrage, et, dans certaines régions, remplace le maïs.

La culture du tabac, qui ne le cède en rien, pour la qualité, au tabac turc, progresse rapidement (monopole depuis 1872).

Le chanvre et le lin, qui servent à confectionner les vêtements ordinaires et les habillements d'été des paysans, viennent très bien dans le pays; cependant, par suite de l'importation croissante des étoffes de coton, leur culture est devenue plus rare.

La plantation de la vigne, au contraire, à laquelle sont consacrés environ 200.000 pogones, augmente d'année en année. Les meilleurs vignobles sont dans la région des collines qui forment les contre-forts des Carpathes. Les vins de la plaine sont âcres et se conservent moins facilement. La Roumanie produit surtout de grands vins blancs: depuis peu elle a aussi des vins rouges. Les quatre principaux crûs du pays sont: le Dragachani, le Cotna, celui de Dealu-Mare et d'Odobechti. La production annuelle s'élève en moyenne à 6 ou 7 millions de vèdres.

Le nombre des bestiaux peut être évalué approximativement comme suit:

Taureaux	200.000
Boeufs	1,200.000
Vaches	900.000
Veaux	600.000
Buffles	100.000
Porcs	1,200.000
Chevaux	600.000
Anes et mulets . .	8.000
Moutons et agneaux .	5,000.009
Chèvres	500.0[illegible]0
Ruches	300.000
Volailles . . . . ,	14,000.000

Ce sont les bêtes à cornes qui jouent le principal rôle dans l'agriculture roumaine. Elles servent aux travaux des champs, sont employées comme bêtes de trait et de transport, et sont en outre destinées à la consommation. Chaque paysan possède au moins une vache.

De grandes étables se trouvent dans le voisinage des distilleries, dont les déchets servent à l'engraissement d'un grand nombre de bêtes de boucherie.

Les buffles sont très appréciés; mais, en raison des variations fréquentes de la température, ils exigent des soins très attentifs.

L'élevage des porcs a lieu surtout en Valachie, et celui des bêtes à laine en Moldavie. Les troupeaux des grands propriétaires fonciers comptent les moutons par milliers, et ceux des simples paysans souvent par centaines.

Les moutons fournissent de la viande, de la laine et du lait pour les fromages dans chaque maison de paysan.

On distingue les races suivantes, d'après lesquelles on distingue aussi les diverses espèces de laines: Mérinos, Tzigaïa, Stogosch, Tzurban, Tonca et Tumurié.

En fait de laine seulement, il est expédié chaque année en Autriche 4 millions de kilos en moyenne.

Les mulets sont élevés le plus souvent par les bohémiens.

Les chevaux servent exclusivement comme bêtes de trait; on les emploie aussi quelquefois au piétinage des blés. Ils appartiennent à la race orientale.

La race de chevaux moldaves, qui était autrefois si célèbre, est maintenant en décadence; toutefois, on en rencontre encore en Moldavie de fort beaux types, élevés dans les haras.

La sériciculture perd du terrain par suite de la maladie des vers à soie. L'importation des semences japonaises et italiennes a cependant produit de bons résultats. Il existe dans le pays environ 100.000 mûriers qui prospèrent très bien.

L'apiculture est relativement insignifiante, puisqu'elle ne produit annuellement que 50.000 ocques de miel et 10.000 de cire. Cette dernière sert presque exclusivement pour la fabrication des cierges d'église.

Les pertes que l'agriculture subit par le fait des éléments et les variations de l'atmosphère, notamment par la grêle, les fortes gelées, les inondations, les incendies, s'élèvent en moyenne à 8 millions de francs par an. Ces pertes se répartissent en quantité décroissante sur les mois de Mars, Août, Février, Juillet, Mai, Janvier, Avril, Septembre, Décembre, Novembre et Octobre. Le chiffre le plus élevé, qui correspond au mois de Mars, est causé par les inondations qui se produisent à cette époque de l'année.

Les dévastations occasionnées par les sauterelles sont également assez fréquentes.

Ont été atteints par l'épizootie, savoir:

	Nombre d'animaux	Morts	Guéris
1865	47.440	26.481	20.959
1870	1.092	504	588
1871	75	37	38

XI. Industrie forestière.

Etendue des forêts. — Douves. — Boissellerie.

Les forêts couvrent environ 1/6 de la surface totale du pays, c'est-à-dire 2,000.000 d'hectares. Un quart des forêts appartient à l'Etat. Dans les montagnes on rencontre encore de véritables forêts vierges. Les bords et les îles du Danube sont très riches en bois. En revanche il y a des contrées, comme la plaine de Baragan, où l'on ne voit pas un arbre à un mille de distance. Peu de pays en Europe possèdent des forêts de chênes aussi importantes et aussi splendides que la Roumanie. Les régions montagneuses renferment principalement les hêtres, les pins et les sapins, tandis que les ormes, les frênes et les érables se trouvent seulement dans la plaine, où le chêne se rencontre également.

La difficulté d'aborder les forêts et l'exploitation forestière encore trop peu perfectionnée, qui laisse enlever chaque année quatre fois plus de bois que ne le demanderait un mode d'exploitation rationnel, sont cause que le prix du bois est très élevé dans les villes (voyez le tableau page 44); et que l'importation du bois de la Bucovine a pu prendre une certaine importance.

La fabrication et l'exportation des douves de chêne, qui se distinguent par une qualité supérieure, ont pris un grand essor.

Pour la boissellerie, qui fournit les vases et ustensiles en bois des ménages ruraux, et dont s'occupent spécialement les Bohémiens, on emploie le peuplier, l'orme, le hêtre et l'érable.

XII. Commerce.

Importation. — Exportation. — Transit. — Monnaies, poids et mesures, — Assurances. — Banques. — Bourses. — Prix des vivres.

Le commerce, déja si important, de la Roumanie, est appelé par la situation géographique du pays, par la fécondité du sol et la richesse de ses ressources naturelles, à prendre encore un essor beaucoup plus considérable.

Une des plus importantes artères de l'Europe, le Danube, longe ses frontières sur une étendue de 560 kilomètres. Les gros navires peuvent arriver, par l'embouchure de la Sulina, jusqu'à Ismaïl, Galatzi, et Braïla, qui peuvent être considérées comme des ports de la mer Noire.

La suppression prochaine des obstacles qui s'opposent à la navigation aux Portes-de-Fer; l'amélioration progressive du lit navigable sur le Bas-Danube et de ses embouchures; l'extension du réseau des voies ferrées et leur jonction aux lignes autrichiennes, russes et ottomanes; l'achèvement des routes; les travaux qui s'effectuent pour rendre navigables un certain nombre de rivières et qui n'offrent que de légères difficultés, sont autant de causes réunies, qui contribueront puissamment à accroître, dans un avenir peu éloigné, l'importance de la production, à faciliter les échanges et à assurer, par cela même, aux produits du pays un écoulement plus lucratif.

Le mouvement du commerce général, en 1872, résulte du tableau ci-après:

Importation, Exportation et Transit en 1872.

Articles	*Exportation*	*Importation*	*Transit*	*Totaux*
	Valeur en francs			
Produits manufacturés	30,124 200	94253613	1782800	123160613
Céréales et matières végétales	115486400	1790200	182600	117459200
Bétail et produits animaux	21224200	1322800	1137000	23684000
Tabacs en feuilles et cigares	—	8518466	—	8578466
Totaux .	166834800	105887079	31020472	275822279

L'importation fournit à la Roumanie des matières premières et fabriquées, et ceux des produits industriels qui ne sont pas encore fabriqués dans le pays.

La valeur de l'exportation est soumise, notamment en ce qui concerne le blé, qui en forme l'article principal, à de nombreuses variations. C'est ce qui explique les données différentes établies sur le chiffre moyen du commerce annuel de la Roumanie. Ces différences d'évaluation tiennent principalement à ce que d'un côté il est difficile d'établir le nombre et la valeur des marchandises arrivant par mer, et que d'autre part les déclarations de valeur, qui servent de base à la perception des taxes de douanes, sont toujours faites au taux le plus bas possible.

La moyenne annuelle de l'exportation est à peu près de 200 millions de francs, et celle de l'importation de 160 millions. L'excédant, au profit de l'exportation, serait ainsi en moyenne de 40 millions par an.

Le principal article de l'exportation est le blé, dont il s'expédie chaque année au-dehors pour une valeur moyenne de 140 à 150 millions de francs.

La valeur de cette exportation et la direction qui lui est donnée varient suivant les résultats de la récolte. En destination de l'Autriche seule, il a été exporté des blés, en 1872. pour environ 30 millions de francs.

Viennent en seconde ligne, comme articles d'exportation, les animaux et produits animaux. La laine est expédiée en Autriche et en France; la graisse, le beurre, les conserves de viande, pour 6 à 7 millions, vont en Angleterre, en Turquie et en Hongrie; les minerais (notamment le pétrole) en Turquie; les semences (5 millions de francs) en Turquie.

L'exportation de la Roumanie en destination de l'Autriche 'eélève à peu près à un chiffre total de 40 millions de francs; celle sn destination de la Turquie à 35 millions, et son exportation générale par la voie maritime à 125 millions de francs.

Les principaux articles d'exportation sont:

Les animaux ((boeufs, moutons, porcs et chevaux);

La laine, les peaux salées des bêtes à corne et bêtes à laine, les soies de porcs, les graines de vers à soie;

Les peaux tannées, le suif, la graisse, le beurre, les viandes salées et fumées, les soies gréges;

Les blés, notamment le froment, le maïs, l'orge et l'avoine, le millet, le seigle, le lin, le colza, le tabac, les légumineux, les farines, les produits farineux, l'huile et l'eau-de-vie;

Les douves, les bois de construction;

Le sel gemme et le sel de mer, le pétrole brut et raffiné.

Les articles d'importation sont:

Les semences, les bois, les peaux, les bougies, le suif, le caviar, les poissons salés, les fruits, les olives, les raisins de Corinthe, le tabac, les médicaments, les vins et spiritueux, le sucre, l'huile, le fromage, les matières tinctoriales, la cire, les denrées coloniales, les plantes colorantes, la laine, le fer, le zinc, le cuivre, les charbons, les cuirs et caoutchoucs, les articles en cuir, les étoffes de soie. de laine et de coton, les étoffes mélangées, les vêtements confectionnés, les articles de mode, les livres et papiers, les meubles, équipages, instruments de science, machines, articles de bijouterie, les poteries, verreries et porcelaines, les objets en fer, la maroquinerie et les objets en métal.

Les pays ci-après importent spécialement, savoir:

L'Angletere, des lainages, fers bruts et ouvrés, des charbons et denrées coloniales;

La France, du sucre, des vins, des soieries, de fines étoffes de laine, des meubles et des articles de mode;

La Grèce et le Levant, les fruits;

La Russie, les cuirs, métaux et articles en métal;

La Hollande, le sucre et les poissons salés;

L'Allemagne, la quincaillerie, la bijouterie, la parfumerie, les articles de laine et de coton, les machines.

L'Autriche-Hongrie importe en moyenne annuellement en Roumanie pour une valeur de 100 à 125 millions de francs, savoir (en 1872):

Articles	Valeur en francs
Fils et tissus	32,183.000
Instruments, machines, quincaillerie	27,026,000
Cuir, articles de cuir, articles de gomme et caoutchouc	11,025.000
Articles en métal	9,770.000
Poterie, objets en os, en bois, en verre et en pierre	7,813.000
Produits chimiques, couleurs, graisse et allumettes	5,050.000
Pelleterie, papier et articles de papier	4,898.000
Denrées coloniales et fruits	3,087.000
Bois de chauffage et de construction, joaillerie	2,441.000
Voitures, bateaux et bâtiments de transport	1,640.000
Médicaments, parfumerie, couleurs et produits chimiques	1,188.000
Boissons et aliments	965.000
Métaux (à l'exception des monnaies et des métaux précieux)	873.000
Librairie et oeuvres d'art	810.000
Animaux (poissons)	655.000
Graines et semences	389.000
Produits animaux (peaux, cuirs, cornes, soies de porcs, suif et beurre)	350.000
Fils	310.000
Tissus et bonneterie	215.000
Graisse et huiles grasses	135.000
Tabacs et cigares	2.300
Déchets	2.400
Total	110,833.000

Les marchandises expédiées de France et d'Allemagne en Roumanie, en transit par l'Autriche, et formant la presque totalité de l'importation de ces pays dans les Principautés représentent une valeur de 71 ½ millions, qui se décompose comme suit:

Tissus et bonneterie	50	millions francs
Machines, instruments, quincaillerie	15	„ „
Fils	1½	„ „
Poterie, verrerie, objets en bois et en pierre	1¼	„ „
Objets en métal	4	„ „

Il existe en Roumanie une grande Société nationale d'assurances contre l'incendie, la grêle et les risques de transport, au capital de plusieurs millions de francs, et plusieurs banques d'escompte, parmi lesquelles la Société de finances roumaine. Depuis peu les statuts d'une société de crédit foncier ont été ratifiés. Cet établissement sera organisé sur les mêmes bases que les institutions de même nature existant en Prusse.

Il y a des Bourses à Bucarest et à Galatzi.

Il n'y avait autrefois en circulation, en Roumanie, que des monnaies étrangères, dont le cours était soumis à de continuelles variations. Anciennement l'unité monétaire du pays était la piastre, qui se divise en 40 paras et représente une valeur de fr. 0,376, ou 15 kreuzer autrichiens. Le para vaut fr. 0,009, c'est-à-dire un peu moins d'un centime

Depuis 1868, le gouvernement roumain fait frapper une nouvelle monnaie d'après le système monétaire français: 1 leu représente une valeur d'un franc, et 1 banu celle d'un centime

Pourtant il se trouve encore en circulation dans le pays des monnaies étrangères. A certaines époques déterminées, le gouvernement fixe le tarif, suivant lequel elles doivent être acceptées par les caisses de l'Etat pour acquitter des droits de douane ou autres paiements.

Le cours actuel des monnaies les plus usitées dans les transactions journalières est le suivant:

	Valeur en Leu	Banu
le franc	1	—
le florin d'Autriche . . .	2	60
le zwanzig	2	84
le thaler prussien	3	50
le marc banco (Hambourg)	1	90
le florin rhénan	2	15
le florin de Hollande . . .	2	15
la livre sterling	25	25
le rouble de Russie	4	—
le leu turc	—	23
le drachme	—	84
le dollar en argent	5	18
le dollar en or	5	25
le ducat d'Autriche-Hongrie	11	75
l'icossar turc	4	44

Le système des poids et mesures, usité jusqu'ici dans le pays, depuis les temps les plus reculés, et dont le tableau suivant donne le résumé, va prochainement céder la place au système métrique, que le gouvernement a déjà introduit, par une disposition légale, dans les travaux publics.

I. Mesures de longueur.

ROUMAINES	FRANÇAISES de Valachie	de Moldavie
	en mètres	
La toise (stengène)	1,966	2,23
La palme (palma)	0,245	0,278
La palmaque (palmac)	—	0,034
Le doigt (degitul)	0,024	—
La ligne (linia)	0,1024	0,002
L'aune (cote)	0,664	0,637
Le rup (rupul)	0,083	0,079
Le greo (greul)	0,041	0,039

II. Mesures de superficie.

	en hectares	
La falche	—	1,4321
Le pogone	0,5011	—
La toise carrée	0,0386	0,0497

III. Mesures de capacité.

	en hectolitres	
La vèdre	0,1288	0,152
L'oca	0,0128	0,0152
Le litre	0,0032	0,0038
Le dramme	0,0003	0,00038
La kile	6,7926	4,3066
La banitza	0,3396	0,215

IV. Mesures cubiques.

	en mètres cubes	
La toise	7,604	11,089
La palme	0,950	1,386
Le palmaque	—	0,173
Le doigt	0,095	—
La ligne	0,009	0,014

V. Mesures de pesanteur.

	en kilos et grammes	
L'oca	1,2718	1,291
La litre	0,3179	0,3227
Le drame	0,0031	0,0032

Le commerce intérieur d'un pays qui compte 5 millions d'habitants a, comme de raison, une grande importance; mais, par sa nature même, il échappe à toute évaluation précise.

Le tableau suivant donne le prix moyen des objets de première nécessité dans les chefs-lieux de district.

Moyenne des articles de première nécéssité en 1870.

Chefs-lieux des Districts	Blé	Seigle	Maïs	Orge	Viande		Pain		Bois à brûler
	per Kile (à 6,79 hectoliter). Francs				per Ocque (à 1,27 kilo)				per Stinje (à 2 mètres cub.)
					Fr.	Cent.	Fr.	Cent.	Francs
Bacau	46	28	25	22	—	76	—	35	49
Berlad	50	26	26	17	—	89	—	32	61
Bolgrad	73	43	41	30	—	83	—	33	13
Botochani	48	24	19	16	—	80	—	32	61
Braïla	92	55	57	34	1	1	—	30	58
Bucarest	90	40	42	40	—	89	—	23	62
Buzéo	105	40	41	31	—	73	—	22	48
Cahoul	51	33	28	24	—	84	—	44	72
Campulung	75	56	36	49	—	53	—	19	24
Carracal	57	—	40	57	—	70	—	23	91
Craïova	64	46	41	59	—	65	—	22	94
Dorohoye	48	23	12	16	—	57	—	20	10
Fokchani	—	30	29	27	—	92	—	30	52
Faltitcheni	59	18	20	18	—	63	—	27	45
Galatzi	52	35	36	26	1	6	—	33	93
Giurgévo	74	—	48	42	—	93	—	22	56
Houchi	56	25	26	19	—	91	—	36	59
Jassy	58	24	21	18	—	92	—	33	101
Ismaïl	76	50	45	35	—	89	—	34	74
Piatra	51	23	28	25	—	64	—	32	47
Pitesti	69	35	34	60	—	66	—	19	28
Plojesti	81	42	42	36	—	73	—	19	46
Rimnic-Sarat	92	59	58	27	—	76	—	31	39
Rimnic-Valci	81	—	45	—	—	60	—	19	36
Roman	54	27	24	20	—	84	—	29	50
Slatina	71	—	37	25	—	87	—	17	37
Stirbey	79	45	49	32	—	93	—	22	59
Tirgu--Jiu	85	—	45	—	—	66	—	26	22
Tergoviste	74	44	34	43	—	62	—	17	19
Turno-Magurelle	62	20	37	49	—	82	—	24	49
Turno-Sévérin	74	40	52	59	—	61	—	29	50
Tecoutch	49	25	27	20	—	84	—	31	59
Vaslui	51	23	23	15	—	79	—	30	38

XIII. Industrie.

Industrie domestique nationale. — Métiers. — Industries agricoles. — Fabriques et établissements industriels.

Les paysans, qui forment la grande majorité de la population, sont eux-mêmes leurs propres industriels. Ils bâtissent leurs maisons et fabriquent eux-mêmes leurs ustensiles de ménage, façonnent leurs outils et leurs chariots, tandis que leurs femmes filent, tissent et façonnent les étoffes destinées à l'usage de la famille. Tous les tissus provenant de l'industrie domestique ou du travail des cloîtres se distinguent par leur exécution solide et leurs dispositions pleines de goût, dans un style particulier, en quelque sorte national, où l'on retrouve l'imitation des types romains transmis par la tradition.

On fabrique avec la laine les draps dits a b a et d i m i é, qui servent à l'habillement des hommes; — avec le lin les serviettes, les draps de lit et les vêtements d'été; — avec le poil de chèvres des étoffes pour vêtements (p r e c h e, a r a r e), puis des bâches de voiture et des sacs pour blé ou fourrages. Les ceintures, tabliers, casaques, voiles et mouchoirs de tête des femmes sont brodés par elles en soies filées et teints également par elles-mêmes, avec des dessins très ingénieux, et garnis de perles et de paillettes d'or. De très beaux voiles de laine sont fabriqués dans les couvents de femmes. Des tapis d'une grande solidité, d'une seule couleur ou de couleurs variées et à carreaux, de toutes les dimensions, sont fabriqués avec la laine ou confectionnés en feutre.

Les étoffes de laine teinte, dites plocadé, ainsi que les épais tissus de l'étoffe des manteaux (sarica), servent à la confection de couvertures et couvre-pieds en usage dans le pays.

Les chemises de femme, ainsi que les voiles, sont aussi brodées avec des soies de couleurs variées et garnies de bordures et de dessins. De remarquables travaux à l'aiguille et de très belles broderies, ainsi que des costumes nationaux féminins, sont exécutés dans l'asile Elena Domna, placé sous le patronage de la princesse Elisabeth.

La p o t e r i e ordinaire en argile, fabriquée à la campagne, se distingue à la fois par ses formes artistiques et de bon goût, imitant les modèles antiques, en grande partie étrusques. Ce sont les Bohémiens qui font presque en totalité la boissellerie, si usitée dans les ménages ruraux. Pendant des mois entiers ils restent dans les forêts, occupés à travailler le bois.

Les aubergistes, maréchaux-ferrants, cordonniers, tailleurs, pelletiers, aussi bien dans les villes que dans les campagnes, sont généralement des Roumains. Cependant, dans les villes, un certain nombre d'étrangers se livrent à l'industrie de luxe proprement dite.

Les six cents boulangers des villes — la population rurale se nourrit presque exclusivement de Mamaliga, bouillie faite avec de la farine de maïs, — sont tous Roumains.

L'industrie agricole est très importante.

On compte en Roumanie environ 700 moulins, tant à vent qu'à eau et à chevaux, et en outre 33 moulins à vapeur. Les 2000 distilleries fabriquent l'eau-de-vie avec le blé et les pommes de terre, dans la plaine; avec les prunes, dans la région des montagnes. Elles en livrent annuellement à la consommation pour une valeur de 10 millions de francs.

Il y a encore dans le pays 70 abattoirs, parmi lesquels ceux de Jassy et de Bucarest et Craïova, construits sur le modèle des abattoirs de Paris; 500 tanneries, 300 fromageries pour le lait de vache ou de chèvre; 600 moulins à scie, dont quelques-uns sont mus par la vapeur; 500 moulins à fouler, de nombreux fours à briques, fours à chaux et poteries, et 72 brasseries, parmi lesquelles les plus importantes sont celles d'Opler à Bucarest.

La fabrication des douves en chêne va constamment en augmentant.

Dans le district de Prahova on fabrique en grand nombre des nattes de roseau et autres ouvrages tressés.

En fait de fabriques et établissements industriels on compte: les usines à gaz de Bucarest, Jassy et Galatzi; 29 imprimeries, parmi lesquelles l'imprimerie de l'Etat, avec un personnel de 170 ouvriers (voir le catalogue, groupe XII, N° 15), 60 raffineries de pétrole, un grand nombre de fabriques de bougies de suif et de stéarine, (parmi lesquelles la grande fabrique de Faulquier Blanc et Ce à Galatzi), plusieurs fabriques de céramique, de poêles, de verreries et des fabriques de porcelaine; la fabrique de biscuits de Gerbolini et Borghetti à Ibraïla (qui produit chaque année plusieurs 70.000 kilos), quelques importantes fabriques de conserves de viandes, des fonderies de fer, moulins à poudre, établissements de constructions maritimes, une fonderie de canons et une manufacture d'armes à Bucarest, un hôtel des Monnaies, etc.

XIV. Commission européenne du Danube.

Travaux. — Budget. — Mouvement de la navigation aux bouches de la Sulina.

Instituée à Galatzi, en exécution de l'article 15 du traité de Paris (30 Mars 1856), cette commission est indépendante du gouvernement roumain. Elle est la représentation commune des sept grandes puissances, et, à ce titre, a été investie de certains pouvoirs avec autorité souveraine sur la portion du Danube comprise entre Isaktcha en aval, jusque dans la mer Noire. Elle décrète des règlements ayant force de loi, lève des impôts, contracte des emprunts et dispose de ces ressources comme elle l'entend dans le but de faciliter la navigation. Les grandes puissances, lors de la conférence de Pontus, en date du 13 Mars 1871, qui a aboli les clauses relatives à la neutralisation de la mer Noire, ont décidé que la Commission du Danube fonctionnerait encore pendant douze ans, et que la neutralisation des travaux faits ou à faire serait maintenue.

Du 6 Novembre 1856 au 30 Septembre 1871, la Commission du Danube a dépensé pour les phares, le curage des ports, les travaux des côtes, le pilotage, les quarantaines et la police de la navigation, ainsi que pour les frais d'administration et le service des emprunts (environ 7 millions), une somme totale de 20 millions de francs. Pendant cette période, elle a perçu, comme taxes de navigation, 13 millions. Son budget pour 1871 se soldait par un excédant de recettes de 60.021 francs.

Le service de la navigation, à l'embouchure de la Sulina, enregistre en 1871 la sortie de 2224 navires, sans compter les paquebots-postes à vapeur.

Les navires entrant, venant le plus souvent en balast, ne sont pas compris dans l'énumération ci-dessous :

1871.

Pavillon.	*Bâtiments.*	*Tonnes.*
Angleterre	381	178.858
Grèce	700	113.312
Italie	225	94.928
Autriche-Hongrie	196	73.733
Turquie	535	45.020
France	27	12.497
Russie	67	7.982
Report	2.131	526.290

1871.

Pavillon.	*Bâtiments.*	*Tonnes.*
Report . . .	2.131	526.330
Suède et Norwége . .	17	5.974
Allemagne	16	5.060
Autres Etats	60	9.186
Totaux en 1871 . .	2.224	546.550
(dont 360 bâtiments à vapeur de 186.000 tonnes)		
Totaux en 1870 .	2.501	593.588
(dont 289 bâtiments à vapeur de 132.328 tonnes)		

DEUXIÈME PARTIE

CATALOGUE

DES

EXPOSANTS ROUMAINS

GROUPES I à XXVI.

La Section Roumaine.

Tous les objets exposés par la Roumanie se trouvent réunis dans la partie Nord de la galerie 15 B, située dans le pavillon Est du Palais de l'Industrie. La section roumaine couvre une surface de 655 mètres □; on y entre au Sud par la section persane, à l'Ouest par le portail surmonté des armes de la Roumanie.

Les retards qui se sont produits dans l'expédition des objets appartenant aux groupes XXIV et XXV n'ont plus permis de placer dans les Galeries des Beaux-Arts les tableaux, les aquarelles, les sculptures, ni les objets destinés à l'Exposition des amateurs. Par suite du manque d'espace, il a été également impossible d'élever en plein air une construction dans le style national, comme il avait été projeté dans le principe. Aussi a-t-on dû se contenter, pour en tenir lieu, d'élever un pavillon au centre même de la section pour la réception des visiteurs princiers et des personnages d'un haut rang.

Sur l'espace total de 655 mètres □ occupé par la section roumaine, il a fallu réserver 40% (savoir 262 m. c.) pour les communications; restaient donc 393 mètres □ pour l'installation des 1498 exposants, soit o, 26 m. c. pour chacun d'eux. Conformément au programme de la Commission impériale autrichienne, les objets exposés ont été, autant que la place et les exigences de l'ornementation intérieure l'ont permis, classés par groupes, et en partie en trophées.

Les 1498 exposants ont obtenu 230 récompenses, savoir: 1 diplôme d'honneur, 9 médailles pour le progrès, 67 médailles pour le mérite, 4 médailles pour le bon goût et 149 diplômes de mérite, — plus 7 médailles de coopération, soit en tout 237 récompenses; ce qui donne, comme résultat définitif, 1 prix pour six exposants. Le tableau dressé à la page suivante donne le détail exact du nombre des exposants et des distinctions obtenues pour chaque groupe.

Dans la liste des exposants chaque nom est suivi de l'indication de la récompense qui lui a été accordée. La liste des médailles de coopération se trouve à la fin de la liste des exposants.

Pour faciliter, autant que possible, la participation de la Roumanie à l'Exposition, la Commission roumaine a été chargée par le gouvernement de subvenir à l'ensemble des frais, à l'aide des ressources fournies par l'Etat. Elle a, en conséquence, pris à sa charge les frais de transport, de déballage, d'installation dans les galeries, de réemballage, de la réexpédition des objets, ainsi que la fourniture des armoires, étagères, vitrines, etc., et l'ornementation décorative de la section, en même temps que la représentation commerciale des exposants. De cette façon il ne restait donc à la charge des exposants roumains que la remise de leurs objets au comité spécial de leur district, à l'exclusion de toute autre dépense résultant de leur participation à l'Exposition universelle de 1873.

TABLEAU

des EXPOSANTS et des RÉCOMPENSES

par groupes.

GROUPES	Exposants	Récompenses décernées							
		Diplôme d'honneur	Médailles				Diplôme de Mérite	Médaille de Coopération	Total
			Progrès	Mérite	Bon Goût	Art			
I. Exploitation des Mines et Métallurgie	48	.	.	2	.	.	2	.	4
II. Agriculture, culture de la vigne, Exploitation et Industrie forestière . . .	873	.	1	18	.	.	75	.	94
III. Arts chimiques	34	.	2	6	.	.	7	1	16
IV. Substances alimentaires et de consommation comme produits de l'Industrie .	115	.	2	10	.	.	14	.	26
V. Industrie des Matières textiles et Confections . .	53	.	.	5	.	.	16	.	21
VI. Industrie du Cuir et du Caoutchouc	38	.	.	3	1	.	2	.	6
VII. Industrie des Métaux .	11	.	.	1	.	.	1	.	2
VIII. Bois ouvrés	18	.	.	1	.	.	2	.	3
IX. Industrie de la Verrerie et de la Céramique . .	2	.	.	.	.	.	.	.	.
X. Quincaillerie, Tabletterie et Maroquinerie	15	.	.	.	.	.	3	.	3
XI. Industrie du Papier . .	1	.	.	.	.	.	.	.	.
XII. Arts graphiques et Dessins industriels	15	.	.	2	.	.	2	.	4
XIII. Machines et Matériel de transport	5	.	.	.	.	.	1	.	1
XIV. Instruments de précision et de l'art médical . .	5	.	.	1	1	.	.	.	2
XV. Instruments de Musique	4	.	.	.	.	.	1	.	1
XVI. Art militaire	2	.	2	.	.	.	.	.	2
XVII. Marine	.	.	.	.	.	.	.	.	.
XVIII. Matériel et procédés du génie civil et de l'architecture.	3	.	.	.	.	.	.	.	.
XIX. Types d'habitations bourgeoises, dispositions intérieures	.	.	.	.	.	.	.	.	.
XX. Types d'habitations rurales. Dispositions, ustensiles, mobilier	5	.	.	.	.	.	.	.	.
XXI. Industrie nationale domestique	214	1	2	11	.	.	18	6	38
XXII. Exposition des Musées des Beaux-Arts appliqués à l'industrie	.	.	.	.	.	.	.	.	.
XXIII. Art religieux	.	.	.	.	.	.	.	.	.
XXIV. Objets d'art des époques antérieures (Exp. d. amat.)	2	.	.	.	.	.	.	.	.
XXV. Beaux-Arts	10	.	.	.	.	.	.	.	.
XXVI. Éducation, Instruction et Enseignement	25	.	.	7	2	.	5	.	14
Total . .	1498	1	9	67	4	.	149	7	237

GROUPE I.

Exploitation des mines et métallurg e.

1 **Petresco C.**, Breaza de jos. Charbons de terre, cire fossile (ozokérit).
2 **Balsu A.**, Brosteni. Echantillons de minerai.
3 **Balteano Gr.**, Balteni. Charbons de terre.
4 **Bello Arsenie.** Brandusa. Charbons de terre.
5 **Bello Arsenie.** Jalomitza Prindesa. Charbons de terre.
6 **Le Conseil municipal de la commune de Ciurea.** Echantillons de sable.
7 **Constantinesco Gr.**, Buzeu. Pétrole brut, lignites.
8 **Dimitresco V.**, Aninosa. Cire minérale. (Ozokérit.)
9 **Dobrogeano D.**, Sotinga. Charbons de terre.
10 **Florian Jon.**, Campulung. Charbons de terre, chaux, gypse.
11 **Matéesco M. G.**, Pacuretzi. Pétrole, bitume. **Diplôme de mérite.**
12 **Furnarachi Arist.**, Comana. Gypse.
13 **Tetzeano Roseti C.**, Tetzcani. Poix minérale, pétrole.
14 **Gabréa Radu**, Valeni. Charbons de terre.
15 **Bello Barbo.** Serbanesti. Pétrole brut.
16 **Negroponte Od.**, Grozesti. Pétrole brut.
17 **Le Conseil municipal de la commune de Soldanesti.** Soldanesti. Charbons de terre.
18 **Gheorghica Maria**, Slanic. Sel.
19 **Gradisteano Emmanuel**, Ceptura, Campina, Rotari, Comarnicu. Charbons de terre, cire minérale, échantillons de roche.
20 **Grigorie Oprea**, Telega. Sel.
21 **Belu et Moschneni**, Urséiul. Charbons de terre, eau sulfurique.
22 **Les Frères Ghika et le Prince Alexandre Stirbey**, Comanesti. Charbons de terre.
23 **Serghiado Ct.**, Urbea Jiu. Poix minérale.
24 **Knechtel V.**, Bucarest. Sel.
25 **Le Conseil municipal d'Ocna.** Cire minérale.
26 **Marghiloman Hristodor**, Craïova. Charbons de terre.
27 **Mitresco G.**, Serbanesti. Soufre natif, plomb, minerai de fer.
28 **Mongesco Vasilie**, Bradiceni. Minerais de fer.
29 **Mochneni**, Padurile. Minerais de soufre.
30 **Le Conseil municipal de la commune de Berbesti.** Charbons de terre.
31 **Bela & Mircesti**, Padurile. Soufre.
32 **Roseti Aglaëa**, Mme., Caiutzu. Charbons de terre, échantillons de terre.
33 **Administration des Salines de l'Etat à Tirgo-Ocna.** Sel gemme. **Médaille pour le mérite.**

Le sel est un monopole de l'Etat. L'extraction du sel a lieu dans neuf salines de l'État, qui sont situées dans les districts de Prahova, Valcea et Bacau.

Il a été livré à la consommation, savoir :

En 1866	59	millions	kilos
„ 1867	39¼	„	„
„ 1868	41	„	„
„ 1869	65	„	„
„ 1870	51¼	„	„

On peut évaluer, en moyenne, la consommation qui se fait à l'intérieur du pays aux ⁴/₅ de la production; le reste est exporté. Dans l'année 1870, il a été consommé en Roumanie 41.000.000 kilos de sel, représentant une valeur de 3¹/₅ millions de francs; il en a été exporté 10.250.000 kilos, représentant 822.000 francs.

Suivant la qualité, le sel se vend dans le pays 9½ ou 11 francs les 100 ocques. Pour l'exportation le prix varie entre 7·50 et 12·50 francs les 100 ocques.

Les mines ont de 80 à 110 mètres de profondeur. L'extraction se fait à l'aide de machines mises en mouvement par des chevaux; mais on se propose de recourir prochainement à l'emploi de la vapeur. Les salines occupent de 1600 à 2000 ouvriers. L'exploitation de la mine de Tirgo-Ocna se fait par les Rufetasi, habitants du voisinage, qui, travaillant chaque mois une semaine aux salines, reçoivent en échange de l'État des terres, du bois de chauffage et de construction; ils sont exempts de toutes contributions directes; les mineurs proprement dits reçoivent en outre une rétribution de 20 centimes par chaque bloc de 70 ocques. Dans les autres salines, on emploie en partie des ouvriers volontaires, en partie des détenus (moyennant salaire), mais jamais les femmes ni les enfants. Les premiers sont payés suivant la quantité de sel qu'ils ont extraite et sont exemptés du service militaire, ainsi que des contributions directes. Au point de vue de la qualité et de l'abondance inépuisable des gisements, les salines de Roumanie peuvent être classées parmi les premières du monde entier.

34 **Administration des domaines de l'État, à Malini.** Charbons de terre.

35 **Administration des domaines de l'État, à Colibachi.** Cire minérale en blocs.

36 **Tetzeano Roseti C.**, Itzcani. Pierre à chaux.

37 **Hristesco J.**, Bucarest. Minerai de cuivre.

38 **Laboratoire de chimie de l'Administration (Ephorie) des Hopitaux**, Bucarest. Pétrole, cire minérale, minerais de soufre.

L'Ephorie administre, avec un budget annuel de 2 millions (dont 250,000 fr. proviennent d'un subside de l'État, et le surplus des revenus de ses propriétés) 9 hôpitaux contenant ensemble 1200 lits, et en outre un hopital d'enfants, une maison de maternité, 1 établissement d'aliénés, 1 asile pour les incurables, l'asile Elena Domna pour les jeunes orphelines, ainsi que la maison des orphelins et l'établissement des sourds-muets à Panteleimon. Elle fournit en outre à l'hopital de Craïova un subside annuel de 15.000 francs.

Les établissements de l'Ephorie sont ouverts à tous ceux qui ont besoin de secours sans distinction de religion et de nationalité. Chaque année 35 à 40,000 malades y reçoivent gratuitement des soins médicaux et les médicaments nécessaires.

L'hôpital Coltza, situé au centre de Bucarest, contient une clinique, une pharmacie centrale et un laboratoire de chimie, dont l'installation ne le cède en rien à aucun autre établissement du même genre en Europe.

1. Pétrole liquide de Pacuretzi et Matitza, poids spéc. 0,806.
2. Pétrole liquide de Pacuretzi et Matitza, poids spéc. 0,956.
3. Pétrole liquide de Colibasi, poids spéc. 0,830.
4. Pétrole liquide de Colibasi, poids spéc. 0,960.
5. Ozokérit (cire minérale), parafine fossile de Mureni.
6. Ozokérit parafine fossile de Campina.
7. Pétrole de Colibasi, poids spéc. 0·960.
8. Soufre non raffiné de Slobodie.
9. Soufre cristallisé de Serbanesti.

39 **Ministère des travaux publics à Bucarest.** Or en paillettes recueilli dans la rivière de l'Olto.

Médaille pour le mérite.

40 **Mitresco G.**, Viforita. Charbons de terre.

41 **Administration du domaine de l'Etat à Mozocni.** Charbons de terre.

42 **Barbo Bellu**, Besdadu. Charbons de terre, pierres lithographiques. Pour la découverte de pierres lithographiques en Roumanie. **Diplôme de mérite.**

43 **Enesco Jon**, Moroeni. Pierres à construction.

44 **Uliero Petre**, Valealunga. Houille.

45 **Administration des salines d'Etat à Téléga.** Blocs de sel gemme.

46 **Petresco C.**, Comarnicou. Pavés, chaux hydraulique.

47 **Le Conseil municipal d'Albesti.** Pierres à construction.

48 **Hristesco J.**, Bucarest. Minerai de cuivre.

GROUPE II.

Agriculture, Exploitation et Industrie forestières.

a) *Céréales.*

1 **Adamesco Gr.**, Cutu. Graines de lin, haricots.

2 **Adamesco Gr.**, Zanesti. Orge, avoine, maïs, graines de lin, haricots.

3 **Adamitza Jon**, Oancea. Maïs.

4 **Ajdero Petrea**, Freeatzeï. Orge.

5 **Aicaz N.**, Buda. Avoine.

6 **Alexe Vasilé**, Rogojeni. Blé (ghirca).

7 **Alexandresco G.**, Tartasesti. Millet, graine de lin, haricots, maïs.

8 **Atanasio G.**, Branesti. Maïs.

9 **Anastasesco T.**, Poenari. Blé (sandomira).

10 **Anastasievici Micho**, le Major, Clejani. Orge, blé, maïs.

Médaille pour le mérite.

11 **Lazaresco V.**, Ploïesti. Seigle.

12 **Anciuco Irimia**, Costangalie. Orges rouges et blanches.

13 **Andrei Hristea**, Mircesti. Blé, orge, maïs et millet.

14 **Andréesco J.**, Hermeziu. Orge.

15 **Andrei N.**, Rasuceni. Millet.

16 **Andronesco J.**, Colanu. Orge, blé (arnaut).

17 **Andresco Tache,** Pétrochitza. Haricots, blé (arnaut).
18 **Atanasie Nicolau,** Oancea. Haricots.
19 **Boldur Latzesco Jancu,** Canesti. Maïs et graine de lin.
20 **Babisi Antone,** Tulucesti. Seigle, maïs, avoine, lentilles. **Diplôme de mérite.**
21 **Beniu M.,** Ismaïl. Blé (banat), maïs, haricots. **Diplôme de mérite.**
22 **Anghelu Panaït,** Bargaoni. Graine de lin.
23 **Anghelu Jon G.,** Moroéni. Haricots, lentilles, pois.
24 **Anghelu G. G.,** Stoénesti. Haricots.
25 **Anghelu Nitza,** Dragomiresti. Haricots.
26 **Anica Gr.,** Mme, Padurile. Haricots.
27 **Antonesco Anastasie,** Rosiesti. Blé (ghirca).
28 **Antonesco Hristake,** Silistrar. Graine de lin.
29 **Cantacouzino G.,** Bucarest. Blé, maïs. **Diplôme de mérite.**
30 **Antonio L.,** Ceptura. Blé.
31 **Arghiropolo Em. Gg.,** Costisa. Blé (arnaut), avoine, maïs.
32 **Aron Todi,** Zenesti. Millet.
33 **Balaciano J.,** Prahova. Millet, avoine. **Diplôme de mérite.**
34 **Arsène Panaït,** Vladesti. Blé.
35 **Arhip J.,** Matca. Blé, seigle.
36 **Atanasiu M.,** Catunu. Maïs, blé, colza.
37 **Atanasiu M.,** Cornesti. Blé, orge, avoine, maïs.
38 **Atanasiu M. C.,** Strajeni Dobréni. Orge rouge et blanche, seigle.
39 **Atanasiu Stefano,** Vulpachesti. Haricots en couleurs.
40 **Avgheresco Michalaké,** Lupesti. Haricots en couleurs.
41 **Coluseano A.,** Ismaïl. Blé maïs, haricots. **Diplôme de mérite.**
42 **Haginopulo A.,** Romanatzi. Blé (banat), haricots, maïs. **Diplôme de mérite.**
43 **Babinoiuco Oosma,** Crivesti. Graines de lin.
44 **Anastasievici Micho,** le Major, Brinceni. Blé (ghirca), maïs, blé (ghirca).
45 **Babovici Banu,** Moroéni. Maïs blanc.
46 **Bucio Dinu,** Colibaschi. Maïs rouge.
47 **Badea Jon,** Matassaru. Maïs.
48 **Badeco Petre,** Branesti. Maïs blanc
49 **Grassu Jan,** Covurluiu. Maïs (colouz), haricots, millet, seigle. **Diplôme de mérite.**
50 **Bedilolo Stoïca,** Isvorele. Blé (ghirca).
51 **Bojanaro V.,** Preutesti. Blé (arnaut).
52 **Balanesco C.,** Calcesti. Haricots blancs et rouges, graines de lin, blé. **Diplôme de mérite.**
53 **Balanesco G.,** Radiul. Blé (ghirca), graines d'anis.
54 **Balano J.,** Foresti. Orge.
55 **Balcano Nic.,** Scodinza. Blé (banat).
56 **Petre,** Priester. Manjina. Orge rouge et blanche.
57 **Baltaco Vasilié,** Moroeni. Maïs, graines de lin.
58 **Balteano Gr.,** Balteani. Blé rouge, haricots allemands et panachés. **Diplôme de mérite.**
59 **Baltezu Nica,** Gemenca. Maïs.
60 **Bano Naé,** Cucuteni. Haricots.
61 **Barbovici Stef. P.,** Mehedintzi. Blé (banat).
62 **Barbo Dobre,** Copaceni, Stréini, Dobreni. Blé rouge, orge.
63 **Barbo Neacsu,** Vilcana Pandeli. Haricots.
64 **Barbulesco Dima,** Moreni de jos. Graines de lin.
65 **Bardos Gheorgh,** Rogocheni. Maïs blanc.
66 **Basarabo Silv. D.,** Caiutzu. Maïs blanc et rouge. **Diplôme de mérite.**
67 **Baziso A.,** Tulucesti. Blé (ghirca).
68 **Belicovici Cesar,** Tusla. Graines de lin, blé (arnaut). **Diplôme de mérite.**
69 **Baldiman Jorgu,** Hoceni. Blé, maïs. **Diplôme de mérite.**
70 **Benesco Irimia,** Virfurile. Maïs.
71 **Berivoé J.,** Motani. Maïs, haricots, lentilles.
72 **Berneveco Michail,** Ismaïl. Maïs, blé (banat).
73 **Beseta Dimitrié,** Sivitza. Lentilles, orge, haricots.
74 **Belivaca Ené,** Omacu. Millet.
75 **Le Conseil municipal de Baïcoïu,** Baïcoïu. Maïs, haricots.
76 **Bidulesco B.,** Bolintin din Vale. Maïs blanc.
77 **Gradisteano C.,** Bucarest. Blé (banat), haricots, avoine, lentilles, pois. **Diplôme de mérite.**
78 **Batzcoveano N.,** Corbu de sus. Blé (banat).
79 **Boboco Deco,** Bertesti de jos. Blé (sandomira).
80 **Bociaio Jordaché,** Scurta. Blé, millet, maïs.
81 **Bogdan Constant,** Costesti. Maïs, blé (banat).
82 **Boghio Simion,** Osalesti. Graines de lin.
83 **Bozuglo Ivan,** Ismaïl. Blé (arnaut).
84 **Panaït Tentu,** Falciu. Blé (arnaut), haricots, avoine. **Diplôme de mérite.**
85 **Fisesco C.,** Bacau. Blé, maïs, haricots, lentilles. **Diplôme de mérite.**
86 **Boicenco Petre,** Tusla. Orge.
87 **Boldo Dimitrié,** Isvorélé. Maïs rouge et blanc.
88 **Atanasievici Micho,** Major, Clejani. Colza. **Diplôme de mérite.**
89 **Bondarenco Efrim,** Ismaïl. Millet blanc.
90 **Bontesco V.,** Dragachani. Avoine.
91 **Bordeano G.,** Dragachani. Seigle.
92 **Boutés Costaché,** Roscani. Blé.

93 **Bozéa,** Cornatzelu. Orge.
94 **Brato Dinu,** Valéa lunga. Maïs rouge et blanc.
95 **Brato Josif,** Moroéni. Maïs.
96 **Brief Karl,** Busesti. Maïs blanc, orge.
97 **Bucur Josif,** Lazurile. Maïs.
98 **Budica Jon,** Foltesti. Blé.
99 **Brato Jon,** Moroëni. Maïs.
100 **Bulai J.,** Vultureni. Maïs, blé, graines de lin.
101 **Bunghizo Petre,** Mm., Cotofenesti. Haricots.
102 **Buruciana Jordaché,** Helestieni. Sarrasin.
103 **Butura Gheorghe,** Tartanesti. Blé (ghirca).
104 **Caciulidi Trandafir,** Cazaci. Blé (arnaut).
105 **Caengiopulo G. Stefan,** Bucarest. Orge noire, semence de canne à sucre.
106 **Calapod D.,** Otzelesti. Avoine.
107 **Caljini Al.,** Ismaïl. Blé (arnaut).
108 **Calino Téodoraché,** Dragomiresti. Avoine, haricots, lentilles.
109 **Cantacouzin Jorgu,** Jilava. Blé (banat).
110 **Cantacouzin Pascano Lascar,** Popesti. Maïs, orge.
111 **Cantemir Enaché,** Buhasiu. Maïs, seigle, avoine, maïs, graine de lin.
112 **Cantili D.,** Ploéchori. Blé blanc et rouge.
113 **Caramano Jon,** Moscov. Orge, pois, lentilles.
114 **Caramao Petraché,** Varlezi. Seigle.
115 **Plaïno, A.,** Bucarest. Blé (colouz), haricots, maïs. **Diplôme de mérite.**
116 **Cararusio M.,** Tenase. Blé.
117 **Catanuso G.,** Runcu. Haricots.
118 **Cazanara Marin,** Riidsa. Blé.
119 **Cerchez T.,** Risesti. Maïs.
120 **Chiflichi Dimitrié.** Fontina Zineloru. Avoine.
121 **Chiriaco N.,** Albesti. Blé (ghirca.)
122 **Chirilo G.,** Slobozia et Balti. Graines de lin et chanvre.
123 **Chiritza Dinu,** Campulung. Graines de lin.
124 **Chiritza Enaché,** Matasaru. Blé.
125 **Chitzo Anghel,** Ciorani dejos. Colza, seigle noir, pois, haricots.
126 **Chito J.,** Barbulesu. Haricots.
127 **Cifarenco Dimitréi,** Ismaïl. Seigle.
128 **Placinta D.,** Soutchava. Blé (banat), haricots, maïs. **Diplôme de mérite.**
129 **Ciuperca Mihaïl,** Mestecanu. Avoine, maïs, graines de lin, sarrasin, haricots.
130 **Mavilano J.,** Faltchi. Blé, maïs, haricots, avoine. **Diplôme de mérite.**
131 **Ciobanu J.,** Rucsani. Maïs.
132 **Ciobanu Jon.,** Aldesti. Blé.
133 **Ciolanu M.,** Viforita. Haricots.
134 **Ciocanu Toadero,** Tartanesti. Orge rouge, sarrasin.
135 **Ciolaco Dima,** Arefu. Orge.
136 **Cirsta G. G.,** Mortoni. Millet.
137 **Ciumacenco Todoru,** Ismaïl. Orge, seigle, avoine.
138 **Ciure Micho,** Cherasti. Blé (ghirca), orge, avoine.
139 **Clipan G.,** Hermeziu. Graine de lin.
140 **Cocoresco Emmanuel,** Tirgo Cocorasti. Millet.
141 **Cocou J.,** Dragachani. Graines de lin.
142 **Condresco Jon,** Dragachani. Graines de lin.
143 **Codru Jon,** Pufesti. Maïs.
144 **Cojocaru Jon,** Moroéni. Maïs.
145 **Cojocaru St.,** Pétrochitza. Maïs.
146 **Calenderoie Lazar,** Barcanesti. Blé (ghirca et banat).
147 **La Municipalité de Sacueni.** Maïs.
148 **Coltzoïaso,** Bela. Haricots.
149 **Coman Jon,** Glodeni. Haricots.
150 **Coman Jon,** Valéa Casséloru. Maïs.
151 **Condiesco Nitza,** Talasésti. Graines de lin.
152 **Condo St.,** Cazaci. Millet.
153 **Condrea Vasilié.** Bosiéni. Orge, haricots, maïs.
154 **Concula Irimia.** Vaslui. Maïs.
155 **Constantin J.,** Amarasti. Graines de lin.
156 **Constantin Jon,** Sacuéni. Haricots.
157 **Constantin M.,** Tartasesti und Brezoïa. Haricots.
158 **Savoiu M.,** Gorju. Pour l'introduction de la culture du colza dans les districts de montagne:
Médaille pour le mérite.
159 **Constantin S.,** Viforita. Maïs.
160 **Constantinesco Dimitrié,** Buresci. Blé, seigle, avoine, millet, pois.
161 **Constantinesco G.,** Urséoul. Maïs.
162 **Contacouzin Vasilé,** Pausesti. Avoine.
163 **Corentie M.,** Draganesti. Blé d'été.
164 **Cornéa Const.,** Baradu. Blé (banat).
165 **Cornéa Const.,** Bira. Orge, sarrasin.
166 **Cornéa Jon,** Vladesti. Avoine.
167 **Costachesco J.,** Tziganesti. Blé (arnaut).
168 **Costopolo Marinaché,** Glimbocata. Blé, seigle, avoine, maïs, haricots, colza. **Diplôme de mérite.**
169 **Costopolo J.,** Segarcéa. Blé (ghirca).
170 **Catadi G.,** Naïpu. Blé (ghirca et arnaut).
171 **Cotcova Dimitrié,** Tusla. Blé (ghirca).
172 **Crihani Stati,** Cudalbi. Lentilles,
173 **Krijanofski Dionsi,** Mehedintzi. Avoine.
174 **Cristea G.,** Copaceni Mogosesti. Blé rouge. **Diplôme de mérite.**
175 **Cristesco Gr.,** Dobrovetz. Maïs rouge.
176 **Crivetzo Preotu Vasilié,** Radiu. Orge, seigle, avoine.
177 **Crodan Jon,** Geméné. Haricots.
178 **Crudo Nicolaë,** Rogojeni. Lentilles.
179 **Cuco Jon,** Balcesti. Graines de lin.
180 **Cureléa S.,** Comisani. Blé (banat).
181 **Curjoro Jon,** Rogojeni. Blé (colouz).
182 **Dalesco Jon G. G.,** Busani. Blé (arnaut).

183 **Danaïla Gheorghie N.**, Pechéa. Seigle, orge rouge et blanche.
184 **Dancio N. J.**, Bela. Maïs.
185 **Darabano Jon**, Cucova. Maïs.
186 **Darié Gheorghe**, Banessa. Blé.
187 **Darié V.**, Stoboreni. Haricots.
188 **Dasaga Stef.**, Onesti, Orge.
189 **Costea Stef. J.**, Vladila. Millet.
190 **Davidov Gavriel**, Costangalia. Seigle.
191 **Davidov Gavriel**, Rosiu. Lentilles, millet, haricots. **Diplôme de mérite.**
192 **Davido Nitza**, Colanu. Maïs.
193 **Drazano Nitza**, Urechesti. Millet.
194 **Diaconesco N.**, Petrari. Maïs, haricots.
195 **Dima Florea**, Besesti. Blé (arnaut et banat).
196 **Dimitresco Ang.**, Sacueni. Maïs.
197 **Dimitresco J.**, Draganesti. Anis.
198 **Dimitresco J.**, Frasinu. Maïs rouge et blanc.
199 **Dino Toma**, Colanu. Haricots.
200 **Ditesco Pirvan**, Voïnesti. Maïs, haricots.
201 **Dobre Radu**, Glodéni. Haricots. **Diplôme de mérite.**
202 **Dobresco T.**, Carpesti. Maïs.
203 **Dudo Vasilé**, Tulucesti. Blé (arnaut).
204 **Dogaru Jordaché**, Cazaci. Haricots.
205 **Dornesco Ilié**, Scurta. Maïs.
206 **Dragano Marin**, Ograzeni. Blé blanc.
207 **Dragano D.**, Branesti. Haricots.
208 **Draghizio Nitza**, Barcanesti. Orge.
209 **Dragulanesco J. M.**, Bucarest. Colza, blé, maïs.
210 **Pilat Nicu**, Vaslui Radéutzi. Blé (banat), haricots, maïs. **Diplôme de mérite.**
211 **Drazano Nitza**, Urechesti. Millet.
212 **Drumea Hristea**, Bragadir, Dobreni. Blé rouge.
213 **Dumba Constantin**, Geormanélé. Blé (arnaut), maïs.
214 **Dumba Eraclié**, Sultanesti. Maïs.
215 **Dumba Frères**, Afumatzi. Blé d'automne, maïs, haricots. **Diplôme de mérite.**
216 **Dumba T.**, Litza. Colza.
217 **Dumitrio J.**, Jilava. Lentilles.
218 **Dumitrio Mihalaché**, Valéa maré. Maïs, graines de lin.
219 **Dumitrio Const.**, Valea Casseloru. Haricots.
220 **Dumitro Nicolaé**, Bucarest. Maïs.
221 **Dumao D.**, Cleja. Blé (arnaut).
222 **Eftimie**, Piteasca. Maïs.
223 **Eftimie**, Popesti. Blé, avoine.
224 **Eliesco Naë**, Comani. Orge rouge.
225 **Falcoiano Stef.**, Rimnicu-sarat. Maïs. **Diplôme de mérite.**
226 **Hurmuzaché Jon**, Cahoul. Blé (ghirca).
227 **Filip J.**, Doïcesti. Maïs.
228 **Filip V.**, Farcaseni. Pois, haricots.
229 **Filisano Dimitrié**, Filiasi. Maïs blanc, orge, graines de lin, millet, avoine, haricots. **Diplôme de mérite.**
230 **Filote N.**, Christesti. Avoine.
231 **Filote N.**, Bategu. Blé (ghirca).
232 **Florea Jon**, Piersinari. Maïs.
233 **Florea M.**, Copaceni. Maïs.
234 **Florian Jon**, Campulung. Maïs blanc. **Diplôme de mérite.**
235 **Frosin Todoro**, Tartanesti. Blé (banat).
236 **Frusaïn Marco**, Barladu. Blé (ghirca).
237 **Furduié Miron**, Girceni. Haricots blancs.
238 **Galitza T. M.**, Campumare. Blé (arnaut), maïs, millet.
239 **Ganciu N.**, Branesti. Blé (banat).
240 **Ganea Gavril**, Vladesti. Haricots.
241 **Ganea Jon**, Oncéa. Seigle, orge.
242 **Gano G.**, Zapodeni. Blé (ghirca).
243 **Gavril Jon**, Frumusitza. Seigle, orge, maïs, chanvre.
244 **Nicolao A.**, Ilfove. Haricots, maïs, blé. **Diplôme de mérite.**
245 **Hermann Georges**, Urlazi. Haricots, maïs, colza, graines de lin, moutarde, pois grecs, chanvre, colza, blé rouge. **Médaille pour le mérite.**
246 **Gheorghesco Const.**, Balaciu. Colza.
247 **Gheorghesco Eugénie, M**^me^, Bradiceni. Haricots, maïs.
248 **Istrate T.**, Bogdanesti. Graines de lin.
249 **Jurasco J.**, Fintinelilé. Avoine.
250 **Vasilaché G.**, Oltu. Maïs, haricots, blé. **Médaille pour le mérite.**
251 **Istrate Stefan**, Tartanesti. Maïs rouge.
252 **Negrutzi N.**, Jassy. Blé (arnaut), haricots, maïs. **Diplôme de mérite.**
253 **Ioan Lazar**, Copaceni. Haricots verts.
254 **Ivan C.**, Jilava. Haricots panachés.
255 **Kehrbach Sigismund**, le Docteur, Dorohoï. Semences de trèfle, haricots (sabauz).
256 **Lecachi G. G.**, Baïceni. Graines de lin.
257 **Lacherdopolo Nicolaé**, Bujoru. Blé (colouz).
258 **Laczinski Charles**, Dumeni. Maïs.
259 **Laresch**, Poïana. Orge.
260 **Lazaresco J.**, Plesesti. Seigle.
261 **Lazcio**, Cornatzelu. Maïs rouge.
262 **Leo Maria**, Silistrar. Blé (ghirca).
263 **Janco Luca**, prêtre, Trestenicou. Maïs.
264 **Ludisteano Nitza**, Grindeni. Maïs.
265 **Lungo Similaké**, Vladesti. Orge. **Diplôme de mérite.**
266 **Lunzaco Stan**, Cotzofanesti. Graines de lin.
267 **Lupu G.**, Salcia. Avoine.
268 **Lupu T.**, Padureni. Blé (banat).
269 **Macri J.**, Statinesti. Blé (ghirca).
270 **Maftelo G.**, Crivesti. Graines d'anis.
271 **Le Conseil municipal de Calafat**, Maïs, millet, blé (ghirca), orge.
272 **Maiceano G. G.**, Mozanni. Maïs.
273 **Malemeno Dimitrié**, Sichirlichisa. Millet.
274 **Manéa Andr.**, Caïutzu. Graines de lin.

275 **Manéa T.**, Caïutzu. Orge rouge.
276 **Maneaso J.**, Jamaski. Maïs.
277 **Manitza H.**, Copacéni. Haricots jaunes.
Diplôme de mérite.
278 **Manulesco G.**, Barbulitza. Maïs.
279 **Marco Jancu**, Oncéa. Blé (colouz).
280 **Marco N.**, Costesti. Haricots jaunes.
281 **Marco N.**, Raïu alb. Maïs.
282 **Marga G. G.**, Negoïu. Orge rouge.
283 **Marghiloman Jon.**, Bucarest. Maïs, haricots, graines de lin.
284 **Marghiloman Jon.**, Buzéo. Blés en épis, blé d'automne (ghirca), maïs.
Médaille pour le mérite.
285 **Marin V.**, Dobra. Blé (banat).
286 **Margoschu G. G.**, Grozasti. Blé (arnaut).
287 **Malei Stefano**, Campeni. Maïs.
288 **Gheorghe, al Mariei**, Uricheni. Orge.
289 **Mario A.**, Mestecani. Blé (arnaut).
290 **Marin**, prêtre, Besdadu. Maïs, blé (banat).
291 **Marin Al.**, Berceni. Avoine.
292 **Marinesco J.**, Oblesia. Millet.
293 **Marinesco Radu**, Virfurilé. Haricots.
294 **Tantesto J.**, Bucarest. Blé (banat), maïs, haricots. **Diplôme de mérite.**
295 **Mavradin Dimitrié**, Balanesti. Blé (colouz).
296 **Maslovo Vasilé**, Ismaïl. Maïs.
297 **Matasaro Jord.**, Radiu. Blé, maïs.
298 **Mateï Serban**, Barcanesti. Haricots.
299 **Mateï Stan**, Filiu. Graine de lin.
300 **Mathéi Jon**, Vorniceni. Sarrazin.
301 **Mazareano Vas.**, Radiu. Seigle.
302 **Meleghê Dimitrié**, Hirsova. Blé (ghirca).
303 **Merovicé Georges**, Cotulu More. Blé (ghirca).
304 **Mariutza C.**, Ciortesti. Haricots jaunes.
305 **Mihaï G.**, Uricheni. Graine de lin.
306 **Mihaï Jon**, Vaidéeni. Maïs.
307 **Mihaï N.**, Bujoru. Maïs.
308 **Mihaï Nitza**, Colanu. Millet.
309 **Mihalesco Linca**, Mme., Litza. Maïs.
310 **Milosch**, le Prince, Mavrodin. Blé (banat).
311 **Stoïca N.**, Campina. Graines de lin.
Diplôme de mérite.
312 **Minco N.**, Vacaresti. Avoine.
313 **Michco**, Major, Clejani. Maïs, colza.
314 **Misir Gr.**, Serbesti. Blé (colouz).
315 **Misiri**, Cutzu. Sarrasin.
316 **Mitica Stan**, Comosteni. Maïs.
317 **Mitresco Ghitza**, Cherbanesti. Maïs, haricots.
318 **Mocano Florea**, Bogdanu. Seigle.
319 **Mocanu Radu**, Omacu. Millet.
320 **Momu Vasilie**, Dragachani. Haricots, maïs.
321 **Mongesco Vasilie**, Bradiceni. Orge rouge.
322 **Moraro J.**, Visinesti. Graine de lin.
323 **Moraro Stoïca J.**, Visinesti. Maïs.
324 **Moruzi Al. C.**, Svoristea. Colza.
325 **Mochneano Mita J. Fureo**, Dobridor. Avoine.
326 **Mosoro Josif**, Moroéni. Maïs.
327 **Enesco J.**, Pétrochitza. Maïs rouge et blanc.
328 **Falcoiano Stefan**, Hingulesti. Maïs rouge.
329 **Gheorghesco J.**, Barlesti. Orge, avoine.
Diplôme de mérite.
330 **Gheorghesco J.**, Visinesti. Haricots.
331 **Ghengia Stefan**, Sivitza. Blé, maïs.
332 **Gheorghe J.**, Vilcana. Maïs.
333 **Gheorghesco J.**, Frasino. Blé dur, avoine.
334 **Gheorghiade**, Ciorani de jos. Colza.
335 **Gheorghio Stefan**, Dobra. Avoine.
336 **Ghidigéano Jon**, Gaiceanu. Blé d'automne, rouge.
337 **Ghimpo Jon**, Foltesti. Blé (ghirca).
338 **Ghinca St.**, Cazassu. Seigle, blé d'automne rouge.
339 **Ghinesco J.**, Razvanu. Maïs.
340 **Milcesco G.**, Dambovitza. Blé (banat), haricots, maïs. **Diplôme de mérite.**
341 **Thiba J.**, Roman. Haricots, maïs rouge, blé (banat). **Diplôme de mérite.**
342 **Ghionca Stefan**, Manjina. Maïs.
343 **Giurgea Jord.**, Negrilesti. Blé rouge, maïs, orge.
344 **Giurgea Jord.**, Vultureni. Blé.
345 **Giuroglo G.**, Bailesti. Blé, graine de lin.
346 **Goga Const.**, Potlogi. Orge rouge, avoine.
347 **Gogosa N. G.**, Daïtza. Blé (ghirca), maïs.
348 **Gogulesco R.**, Mistesti. Maïs.
349 **Goldenthal A.**, Popesti. Blé (banat).
350 **Gorgono G.**, Tadarusu. Orge rouge.
351 **Gradisteano C.**, Sihlélé. Maïs, blé (arnaut).
352 **Gradisteano G.**, Maïcanesti. Millet.
353 **Grigoré Marin**, Butoïu. Haricots.
354 **Grigoré Z.**, Copaceni. Haricots jaunes et allemands.
355 **Grigoresco J.**, Comisani. Maïs.
356 **Grosu Jon**, Smultzi. Haricots panachés.
Diplôme de mérite.
357 **Guirogho G.**, Baïlesti. Blé d'été.
358 **Gulia Jon**, Vladesti. Blé (ghirca).
359 **Gurao Radu**, Flesca. Graines de lin.
360 **Guva C. H.**, Flore. Haricots blancs.
361 **Hagiesco Tanasé**, Pojana de sus. Blé (banat).
362 **Hagiopolo P.**, Vadastritza et Vadastra. Avoine, maïs, blé (ghirca).
363 **Hanesco T.**, Uricheni. Seigle.
364 **Haralamb Costaché**, Pausesti. Blé (banat).
365 **Hariton G.**, Etulia. Seigle.
366 **Harmanichi Al.**, Ismaïl. Blé (arnaut).
367 **Iconomo Jon**, Giurgévo. Avoine.
368 **Theoharidi A.**, Tentava. Maïs, haricots.
Diplôme de mérite.
369 **Horhota P.**, Pojana Cornului. Graines de lin.

370 **Hosceslaski Longhiu**, Vaslui, Graine de moutarde rouge, feuilles d'osier.
371 **Hristaché Nicolaï**, Varletzi. Blé (ghirca).
372 **Hristalo Hristaché**, Branesti. Orge rouge.
373 **Hristéa G. G.**, Copacéni Mogosesti. Haricots en couleurs.
374 **Jamandi Gheorghé**, Manjina. Blé (arnaut).
375 **Jamandi Gheorghé**, Rogoseni. Millet, pois, lentilles.
376 **Janco Radu**, Diocesti. Haricots.
377 **Jéhim T.**, Tatarusi. Graines de lin.
378 **Jéhim A. J.**, Parava. Orge.
379 **Ifimoréo Ignatié**, Muravevica. Orge rouge.
380 **Ilié Jon**, Marcesti. Blé (arnaut), orge, maïs, millet.
381 **Ilié Petre**, Fratesti. Haricots blancs.
382 **Ilié Stoïca**, Marcesti. Blé, orge, maïs, millet.
383 **Iliesco Aloica**, Vaçaresti. Blé, maïs.
384 **Iliesco Jon**, Tatareni. Colza.
385 **Joachim V.**, Dumesti. Millet, graine de lin. **Diplôme de mérite.**
386 **Joan Const.**, Torcesti. Orge rouge.
387 **Joan G. G.**, Tzigania. Maïs rouge.
388 **Jobieschi Vasilié**, Umbraresti et Corbeasca. Maïs.
389 **Joïnta Saïta**, Turie. Millet.
390 **Jon al Dascalului**, Radeni. Orge, blé (banat), maïs.
391 **Jonesco Dimitrié**, Gura Sutza. Colza.
392 **Kernbach**, le docteur, Dorohoye. Maïs, haricots, millet, semence de luzerne. **Diplôme de mérite.**
393 **Jonesco Dim.**, Viisora. Colza.
394 **Jonesco Gheorghé**, Moscov. Blé (ghirca, colouz).
395 **Jonesco J.**, Urséiul. Haricots.
396 **Jonesco M.**, Valea seaca. Blé, seigle.
397 **Jonesco Mich.**, Cindesti. Pois.
398 **Jonésco M. Z.**, Turtulesti. Blé (arnaut). **Diplôme de mérite.**
399 **Jonesco Toma**, Glimbocata. Orge rouge.
400 **Jonitza Costin**, Parava. Blé (arnaut).
401 **Jonitza Janco**, Vaçaresti. Haricots.
402 **Jordaché Jon**, Dragachani. Orge.
403 **Isaé G.**, Poïana Carnulu. Avoine. **Diplôme de mérite.**
404 **Isacov Jon**, Ismaïl. Blé (arnaut).
405 **Istraté Nastase**, Sacueni. Blé (banat).
406 **Jiano G.**, Vadastra. Orge.
407 **Orochano A.**, Braïla. Blé (banat), maïs, haricots. **Médaille pour le mérite.**
408 **Movileano Jon**, Vitrisoïu. Blé (arnaut).
409 **Murgociu Stan**, Umbraresi. Avoine.
410 **Musato Nicolaé**, Butoiu. Maïs.
411 **Mustacovo C.**, Bucarest. Maïs.
412 **Muto St.**, Zenesti. Blé (banat).
413 **Nada Grigore**, Sivitza. Avoine.
414 **Nano Jord.**, Silistéa. Orge blanche, avoine, maïs.
415 **Néagu Nicolaé**, Glavacioco. Graines de lin.
416 **Néagu St.**, Mestecano. Blé (ghirca).
417 **Neagoé Tica**, Titza. Haricots.
418 **Necula Jon**, Gura Sutza. Maïs.
419 **Nedelco Adam**, Fetesti. Millet.
420 **Nedelco Georges**, Frumusitza. Blé (colouz), avoine.
421 **Negréa Jon**, Otesti. Blé (ghirca).
422 **Negroponte B.**, Grozesti. Graines de lin.
423 **Negrutzu C. Léon**, Hermezïu. Blé (banat).
424 **Nica G.**, Cucuteni. Maïs rouge.
425 **Nichifor Cococho**, Hagi - Abdoula. Blé.
426 **Marin Nicolao**, Prahova. Blé, maïs, haricots. **Médaille pour le mérite.**
427 **Negrutzi Al.**, Botesti. Blé (ghirca).
428 **Nicolaé C.**, Poïnari. Seigle.
429 **Nicolaé G. G.**, Gura-Sutzi. Blé rouge.
430 **Nicolaé Jon**, Litza. Blé (banat).
431 **Nicolaé Jon**, Urechesti. Orge rouge.
432 **Nicolaé Mirlca**, Caravanesti. Orge blanche.
433 **Onosi Dimitrié**, Rogojeni. Orge rouge.
434 **Nicolaé Také**, Virteju. Blé rouge, maïs.
435 **Nicolaï Dima**, Albesti Muru. Graines d'alac.
436 **Nicolao Dim.**, Borlesti. Avoine, maïs.
437 **Nicolesco Costaché**, Rusca. Blé (colouz).
438 **Nicolesco Jon**, Succi. Seigle, blé (arnaut), millet.
439 **Nicolesco Marin**, Ciora Radu Voda. Maïs.
440 **Nico Constantaché**, Barbochi. Blé (ghirca, arnaut).
441 **Niculesco Const.**, Tesluiu. Blé, maïs.
442 **Nutzo Nicolae**, Mindrisca. Blé (banat).
443 **Obrenovici Michaël**, le Prince, Piatra. Maïs, blé d'automne. **Diplôme de mérite.**
444 **Olanesco Pana**, Gaésti. Avoine.
445 **Obrenovici Michaël**, le Prince, Herasti. Blé (banat), colza belge. **Diplôme de mérite.**
446 **Obretin D.**, Vadeni. Lentilles.
447 **Onul Stef.**, Prutulu. Seigle.
448 **Onofreasa V. J.**, Razaseni. Blé (banat).
449 **Onosi Dimitrié**, Rogojeni. Orge rouge.
450 **Opran Petró**, Isalnitza. Maïs.
451 **Oprea G. G.**, Buscani. Haricots durs.
452 **Oprea Tanasé**, Lazurile. Haricots blancs.
453 **Orasano Stanciu N.**, Lacu Rezi. Millet, lentilles.
454 **Otéa Const.**, Uricheni. Avoine.
455 **Pana Const.**, Vadastra. Orge rouge.
456 **Pana P.**, Laza. Graines de lin.
457 **Panaït Radu**, Busnea. Maïs, blé (colouz).
458 **Pandélé Vasilé**, Roscani. Avoine.
459 **Pantilimon G.**, Dragaseni. Graine de lin.
460 **Pantzero T.**, Dragachani. Pois.
461 **Pascalo Jon.**, Zernesti. Millet.

462 **Pasco St.**, Cazacu. Avoine.
463 **Pavel F. R.**, Popesti. Maïs.
464 **Pavel T. D.**, Radaseni. Sarrasin.
465 **Pavlesco P.**, Doljesti. Haricots durs.
Diplôme de mérite.
466 **Pavelesco Tanase**, Morteni. Blé (banat).
467 **Pelino N.**, Urechesti. Haricots blancs.
468 **Pepine Tudoraché**, Dogari. Haricots.
469 **Perja Nicolaë**, prêtre, Frumusitza. Blé (banat).
470 **Petraché Nicolaë**, Gaésti. Blé dur, orge, maïs, haricots en couleurs.
471 **Petre J.**, Bela. Maïs.
472 **Petre N.**, Bulbucata. Avoine.
473 **Petresco Al.**, Putinéiu. Blé (colouz).
474 **Petresco Andreiu**, Inotesti. Blé (ghirca), orge.
475 **Petresco C.**, Valea Ratzéi. Blé (ghirca).
476 **Patro Dinu**, Branesti. Haricots durs.
477 **Ecole d'agriculture de Ferestréo** (près Bucarest). Exposition collective des céréales cultivées à l'école.
Médaille pour le mérite.
478 **Comemgopulo J.**, Bucarest. Blé (ghirca), maïs, haricots.
Diplôme de mérite.
479 **Pilato Nicu Vasilié**, Radautzi. Blé d'été.
480 **Pircha Dimitrié**, Dragomiresti. Maïs rouge et blanc.
481 **Pisca Dimitrié**, Bragadiru. Blé (arnaut).
482 **Pista M.**, Somusca. Seigle.
483 **Plaïno Al.**, Plaïenesti. Blé (banat), maïs.
484 **Poënaro N.**, Poïana. Graines de lin.
485 **Polizo**, Micchunesti. Maïs blanc et rouge.
486 **Gheorghe**, prêtre, Habeni. Haricots panachés.
487 **Grigor**, prêtre, Chiscani. Seigle.
488 **Jon**, prêtre, Uricheni. Blé.
489 **Popa M. R.**, Marunzéi. Orge blanc.
490 **Vasilié G.**, prêtre, Dancéa. Millet blanc.
491 **Popesco**, Plasa Dimbovitza. Blé (banat).
492 **Popesco**, Streini-Dobreni, Cretzesti. Millet.
493 **Popesco C.**, Silistra. Millet.
494 **Popesco C.**, Rasvadu. Blé (banat).
495 **Popesco G.**, Afumatzi. Millet blanc et noir.
496 **Popesco G. G.**, Serbanesti. Maïs rouge.
497 **Popesco Ghitza**, Suici. Graines de lin.
498 **Popesco J.**, Maguréni. Maïs.
499 **Popesco Oprea**, Petrari. Maïs rouge.
500 **Popesco Oprisan**, Sihlenu. Avoine.
501 **Popesco Radu**, Basesti. Lentilles (Caplazia).
502 **Popesco Stancu**, Titu. Maïs blanc et rouge, haricots.
503 **Popesco Stefan**, Tomchani. Maïs, avoine.
504 **Popesco T.**, Bestadu. Haricots panachés.
505 **Athanesco F.**, Ilfove. Blé, maïs, haricots.
Diplôme de mérite.
506 **Popesco Tanase G.**, Pétrochitza. Colza, maïs.
507 **Popesco Voicu**, Odaïé. Maïs blanc et rouge.
508 **Popirian Marin**, Viziru. Blé (banat), graine de lin.
509 **Popirlan Serban**, Viziru. Maïs blanc et rouge.
510 **Popesco Luca**, Domnesti und Argeselu. Maïs, prunes sèches, chanvre.
511 **Popovici Andreiu**, Braésti. Blé (colouz), maïs.
512 **Popovici G. G.**, Radulesti. Blé (banat).
513 **Popovici V.**, Padureni. Maïs rouge et blanc.
514 **Popa Jon.**, Pirlitza. Orge blanche.
515 **Porfiresco Petré**, Petrélé. Blé (banat).
516 **Porfiresco Spirake**, Letéaveché. Blé, maïs.
517 **Roibo V.**, Silistéa. Graines de lin.
518 **Prescora Jon.**, Urekesti. Blé (banat).
519 **Sturza A**, Neamtzu. Haricots, millet, avoine.
Diplôme de mérite.
520 **Potetzo F.**, Bacu. Maïs blanc et rouge.
521 **Preda Dinu**, Ciorani de jos. Millet blanc.
522 **Predesco J.**, Resvadu. Haricots en couleurs et blancs.
523 **Ecole d'agriculture de Ferestréo** (près Bucarest). Exposition collective des légumineux, arbres, arbrisseaux, etc., cultivés à l'école.
Médaille pour le progrès.
524 **Pistoï Tudor**, Mindra. Orge blanche.
525 **Porumbaro Const.**, Poenari, Branesti, Tunari. Blé, orge blanche, avoine, haricots, maïs rouge.
526 **Presicovo Jon.**, Urekesti. Graine de lin, millet.
527 **Pretichi A.**, Onesti. Blé (banat).
528 **Joan**, prêtre, Sabar. Maïs.
529 **Priopesco J.**, Matca. Blé (ghirca).
530 **Puricesco A.**, Vadastra. Blé (ghirca).
531 **Puricesco Ant.**, Potélu. Blé (arnaut), seigle, colza.
532 **Racovitza Gr.**, Cutu Vinatoru. Maïs rouge et blanc, avoine, orge.
533 **Racovitza G.**, Domnesti. Maïs rouge.
534 **Racovitza N.**, Servesti. Avoine, orge blanche.
535 **Radian Binu**, Tandaréi. Blé d'été, seigle.
536 **Rado Pannu**, Dobreni. Maïs blanc.
537 **Rado Sirbu**, Comani. Maïs rouge et blanc.
538. **Raducano Jon.**, Cringurilé. Colza, maïs.
Diplôme de mérite.
539 **Radulesco J.**, prêtre. Titu. Haricots en couleurs.
540 **Radulesco V.**, Stoenesti. Maïs rouge et blanc.

541 **Lupu Jon.**, Crucéa de jos. Millet, lentilles, haricots.
542 **Ralea Nae**, Gura Foïéi. Haricots blancs.
543 **Raspoja Nicolaë**, Petrochitza. Haricots blancs, maïs rouge.
544 **Ratesco H.**, Vranesti. Blé, avoine, orge, pois, maïs blanc, haricots.
545 **Regtzea Tanase**, Tziganesti. Maïs.
546 **Rizea Const.**, Habeni. Avoine.
547 **Rotaro Const.**, Cazaci. Avoine.
548 **Rotaro Dimitrié**, Cazaci. Maïs blanc.
549 **Rosnovano Jorgu**, Oberst. Rogna. Blé, orge, avoine, millet, maïs.

Diplôme de mérite.

550 **Tataro Nicolaë**, Crucéa de jos. Orge, avoine.
551 **Rudeno Nicolaë**, Chislitza. Blé, seigle.
552 **Ruso Const.**, Torcesti. Maïs blanc.
553 **Sando Ghinca**, Strimbeni. Avoine.
554 **Sanda Gr. N.**, Sihlélé. Orge blanche et rouge.
555 **Serban Cirstea**, Morteni. Avoine.
556 **Sarbanica J.**, Buchani. Maïs blanc.
557 **Sava Hrist. D.**, Balaciu. Avoine.
558 **Janco Luca**, prêtre, Trestenical. Maïs blanc, blé (ghirza).
559 **Lupo Ilié**, Crucéa de jos. Seigle, avoine, orge.
560 **Tzarano Anton**, Fokchani. Blé (ghirca).
561 **Christesco Vasilié F.**, Sinesti. Maïs, blé (colous).
562 **Raleano Costaché**, Herméziu. Maïs rouge et blanc.
563 **Bauprobur Mih.**, Crucéa de jos. Avoine, seigle.
564 **Safta Jonitza**, Turia. Blé, millet.
565 **Pologo T.**, Bacau. Maïs.
566 **Savesco Enache**, Cotnari. Maïs blanc.
567 **Balao Nicolaë**, Crucéa de jos. Blé (banat), orge, avoine.
568 **Philipesco G.**, Prahova. Blé (banat), maïs rouge.

Diplôme de mérite.

569 **Furmazake J.**, Bolgrad. Maïs, haricots, orge.

Diplôme de mérite.

570 **Balteano Gr.**, Balteni. Haricots allemands et panachés.
571 **Mihaio G.**, Dobra. Maïs.
572 **Popesco Pavel**, Crucéa de jos. Maïs rouge, blanc.
573 **Schiller Z.**, Balteni. Maïs en massue.
574 **Scortzeano Nicolaë**, Oancéa. Blé (banat).
575 **Scumpo Jon**, Hermeziu. Haricots blancs.
576 **Selciano Paraschiva**, Mme., Peché. Millet.
577 **Serbo G. Vacaru**, Pétrochitza. Maïs blanc.
578 **Serghiad Ar.** Urbéa Jiu. Colza.
579 **Sibiano V.**, Titza. Maïs.
580 **Sima D.**, Munteni de jos. Haricots en couleurs.
581 **Sima Jon**, Campeni. Haricots en couleurs.
582 **Simo Petré**, Flesca. Blé d'été.
583 **Simulesco N.**, Matasaru. Colza.
584 **Sion Grig.** Laza. Seigle.

Médaille pour le mérite.

585 **Siono G.**, Elisa. Maïs blanc.
586 **Slati Stefan**, Gaesti. Millet blanc.
587 **Slavitesco Const.**, Lunca Oltului. Maïs.
588 **Smochina Sandu**, Ciakir. Blé. (ghirca).
589 **Soaré Dimitrié**, Habeni. Blé (banat), maïs.
590 **Soaré Marin.** Marcesti. Blé, orge, maïs, millet blanc.
591 **Sabostoï G.**, Corbu de sus. Avoine.
592 **Stan Jon**, Isvorele. Avoine.
593 **Stan Radu**, Morteni. Maïs rouge et blanc.
594 **Stancio Dimitrié**, Vacaresti. Millet blanc.
595 **Stanoiu Dim.**, Zenesti. Sarrazin.
596 **Stanoiu Petré**, Galicéa. Colza.
597 **Stanciulesco M.**, Bertesti de jos. Blé (Santa Mirca).
598 **Stanco Dinu**, Draghiceni. Maïs blanc et rouge.
599 **Stanovici Stan**, Galicéa. Maïs blanc.
600 **Stanov Ivan**, Ismaïl. Maïs blanc.
601 **Stano Petré**, Ciorani de jos. Graine de lin.
602 **Statachioso Josif**, Baïceni. Blé (arnaut), orge rouge et blanche, avoine noire.
603 **Staté G.**, Pascani. Haricots, farine de maïs.
604 **Staté Todoro**, Peretulu. Graine de lin.
605 **Stavresco N.**, Lunca Oltului. Blé (colouz).
606 **Stavri Lascar**, Bargaéni. Blé (arnaut).
607 **Stefan G.**, Urichéni. Maïs.

Diplôme de mérite.

608 **Stefan J.**. Isvorélé. Haricots blancs.
609 **Stefan V.**, Comisani. Haricots en couleurs.
610 **Stefanesco J.**, Razaseni. Avoine.
611 **Stefanov Jon**, Ismaïl. Maïs rouge et blanc.
612 **Stefanutza N.**, Orbeni. Blé d'été, haricots panachés, maïs.
613 **Stinco Vasilé**, Moscov. Seigle.
614 **Stirbulesco Gr.**, Cojocari. Blé (colouz).
615 **Stoïca Dobre**, Lazarilé. Blé (arnaut).
616 **Stoïca J.**, Cojocari. Maïs rouge et blanc.
617 **Stoïca M.**, Colanu. Avoine.
618 **Stoïanovici J.**, Rosiesti. Lentilles.
619 **Stratio Radu**, Silistraru. Orge blanche.
620 **Stroé Mihalaché**, Fundeni. Graine de lin.
621 **Stroé Oancea**, Malu-Spart. Tintava. Maïs, haricots anglais.
622 **Stroïu Jon**, Porcesti. Millet blanc.

623 **Strul Hermann**, Dulcesti. Orge blanche et rouge, avoine.
624 **Stupu C.**, Sanduleni. Maïs.
625 **Stourdza Gr.**, le Prince, Roscani. Orge blanche.
626 **Stourdza Gr. M.**, le Prince. Christesti. Blé (arnaut), avoine, orge.
627 **Sutzo J. M.**, Sasca. Maïs.
628 **Tabaran G.**, Hermeziu. Haricots en couleurs et blancs.
629 **Tabirea Nicolaé**, Perichoru. Blé d'été, seigle.
630 **Taché Nicolaé**, Viperesti. Blé (banat).
631 **Talian Al.**, Vultureni. Orge rouge et blanche.
632 **Tanasé Marin**, Malu-Spart. Blé rouge. **Diplôme de mérite.**
633 **Tanasesco N.**, Frasinetzu. Maïs.
634 **Tataro Radu**, Gaujani. Avoine.
635 **Tartaro C.**, Torcesti. Haricots, pois, graine de lin.
636 **Tartaru M.**, Padureni. Maïs blanc.
637 **Tautu Jon**, Dorohoye. Graine de lin.
638 **Tautu Panaït**, Ivanesti. Maïs.
639 **Temnéano Costache**, Dresca. Orge blanche.
640 **Teoderesco I.**, Tasbunar. Graine de lin.
641 **Teodoresco M.**, Surdila Gaïsseni. Orge blanche.
642 **Teodoresco Mircea**, Raiu-Alb. Haricots blancs et anglais.
643 **Teodoresco N.**, Lunca Oltului. Colza.
644 **Teodoresco Nicolaë**, Samalia. Maïs blanc et rouge.
645 **Teodoro Panaït**, Bujor. Avoine, haricots.
646 **Suntof Vasilé**, Bolgrad. Orge blanche.
647 **Téofanidi Stavraké**, Mihaïesti. Maïs.
648 **Teoharidé D.**, Tintava-Dobréni Maïs américain, blé (colouz).
649 **Tetzéanu Roseti C.**, Tetzcanni. Avoine, maïs.
650 **Téodor Jon**, Tartasesti. Blé (ghirca), avoine.
651 **Timofté C.**, Boroïa. Sarrazin.
652 **Tisesco C.**, Oseb-Marginéni. Haricots ronds et allemands.
653 **Toma Amutza**, Perchinari. Blé, haricots.
654 **Toma Jon**, Parava. Haricots blancs.
655 **Toma Marin**, Cépari. Haricots ronds et blancs.
656 **Totzo Cost.**, Cucova. Blé (colouz).
657 **Trohin Vasilé**, Pausesti. Avoine.
658 **Tudor Vasilé**, Bogdanesti. Blé (banat).
659 **Tudorake Radu**, Moroéni. Graine de lin.
660 **Turturica Dimitrié**, Baicéni. Maïs.
661 **Tsanesco P.**, Obirsié. Blé (banat).
662 **Lungu J.**, Oncesti. Millet.
663 **Tzoné Sefciu**. Vadeni. Haricots panachés.
664 **Trusanu J.**, Torcesti. Millet blanc.
665 **Tzurean G.**, Hermeziu. Haricots blancs et en couleurs.
666 **Ungureanu J.**, Padurile. Maïs blanc.
667 **Untu Ilié**, Orbeni. Blé de printemps, maïs rouge.
668 **Unto Jon P.**, Orbeni. Haricots blancs. **Diplôme de mérite.**
669 **Ursaké Vasilié**, Berlad. Maïs rouge.
670 **Vacaro Serbo**, Petrochitza. Maïs rouge et blanc.
671 **Vaideanu G.**, Bosieni. Maïs blanc.
672 **Varsaro Jon**, Cartalu. Seigle.
673 **Varzaru Stan**, Talasesti. Blé (ghirca).
674 **Vasesco Al.**, Cotusca. Maïs blanc.
675 **Vasilié Petre**, Omacu. Avoine.
676 **Vasilié G. G.**, Valéa lunga. Haricots blancs.
677 **Vasilié Stan**, Foresti. Maïs.
678 **Vasilié D.**, Barcanesti. Colza.
679 **Vasilié D.**, Tzinté. Millet rouge, maïs.
680 **Vasilié Gavriil**, Dragomiresti. Haricots blancs.
681 **Vasilié N.**, Cotzofenesti. Blé (colouz).
682 **Vergolici Nicolas**, Varletzi. Blé (colouz), maïs.
683 **Plaïno A.**, Plaïnesti. Blé (ghirca), maïs.
684 **Viorasco Janco**, Pausesti. Maïs.
685 **Virjoghe Jon**, Bela. Graine de lin.
686 **Vito Ilié**, Urechesti. Maïs blanc.
687 **Vlasé Vasilié**, Parava. Blé (ghirca).
688 **Voico Stan**, Préaïba. Graine de lin.
689 **Voico Toma**, Barlesti. Blé (colouz), maïs.
690 **Voïngano Gr. X.**, Costesti. Maïs blanc.
691 **Vrabié Stan**, Malou. Lentilles.
692 **Vrabiesco Julian**, Slobozia. Maïs blanc.
693 **Zamfirake Lazar**, Muiasca de jos. Maïs.
694 **Zoboru Jon**, Hagii-Abdoula. Blé (colouz).
695 **Zoé N. Rx.**, Mme., Dobréni. Blé double. **Diplôme de mérite.**
696 **Marghiloman Jon**, Dridu. Haricots, tabac en feuilles, graine de lin, maïs.
697 **Conseil général du district de Roman.** Seigle, lentilles de Constantinople, Chanvre en étoupe.

b) Tabac brut.

698 **Vladesco Janco**, Vasaresti. Tabac en feuilles.
699 **Stan Janco**, Bolintin din Déal. Tabac en feuilles. **Médaille pour le mérite.**
700 **Rosenu Jon**, Cornetz. Tabac en feuilles.
701 **Popp Théodore**, Piscani. Tabac. **Diplôme de mérite.**

702 **Joan A.**, Géamana. Tabac en feuilles.
703 **Neacso Const.**, Bolintin din Vale. Tabac.
704 **Vasilesco**, Valéamare. Tabac.
705 **Nicolao G. G.**, Gaësti. Tabac.
706 **Paciurea**, Dr., Novaci. Tabac.
Médaille pour le mérite.
707 **Mohamed Zade Haggi**, Bucium eni. Tabac en feuilles.
Diplôme de mérite.
708 **Marghiloman J.**, Ilfove. Tabac.
Médaille pour le mérite.
709 **Brinzaro Const.**, Cazaci. Tabac.
710 **Banulesco Jonitza M.**, Gura-Foïei. Tabac en feuilles.
711 **Guva C.**, Flora. Tabac.
712 **Dutza Eftimié**, Gaesti. Tabac en feuilles. **Diplôme de mérite.**

c) *Matières textiles végétales.*

713 **Asan Dinu**, Moroeni. Chanvre en bottes.
714 **Florea J.**, Virfurilé. Chanvre taillé.
715 **Balasa**, Mme., Diocesti. Chanvre taillé.
716 **Balasoio N. G. G.**, Motzaïéni. Chanvre taillé.
717 **Banesco Rizea**, Motzaïéni. Chanvre.
718 **Banu Marin**, Bela. Chanvre taillé
719 **Banutza Marin**, Valéa Casséloru Chanvre peigné.
720 **Boanca Petre**, Campulung. Chanvre peigné.
721 **Caragea Tache**, Poïana, Chanvre.
Diplôme de mérite.
722 **Grigorié Opréa**, Cionari de sus. Chanvre taillé.
723 **Gulié S.**, Ciorani de jos. Chanvre taillé.
724 **Halaciuga Gr.**, Padurilé. Chanvre peigné.
725 **Ilié Marin**, Butoïu. Chanvre peigné.
726 **Ilié Téodor N.**, Péké. Chanvre taillé, blé (ghirca).
727 **Joan G. G.**, Morténi. Chanvre peigné.
728 **Ilinca J.**, Mme. Tzitza. Chanvre. peigné.
729 **Popesco Jon**, Serbanesti. Chanvre.
730 **Jonesco Marin**, Cindesti. Chanvre peigné.
731 **Jonesco Nao**, Valeamare. Chanvre.
732 **Jordaké G.**, Besdadu. Chanvre.
733 **Nicu Nicolaë**, Pétrochani. Chanvre taillé.
734 **Nutzo Vasilie**, Mindrisca. Chanvre.
735 **Olaro Dinu J.**, Muiasca de jos. Chanvre taillé.
736 **Pandur Em.**, Gurguietzi. Chanvre peigné. **Diplôme de mérite.**
737 **Popesco Jon**, Serbanesti. Chanvre.
738 **Udresco Ivan**, Bogazi. Chanvre peigné.
739 **Zoë Jon**, Morléni. Chanvre peigné.
740 **Serban Stan.**, Dragomiresti. Chanvre peigné.
741 **Sarbano Stinca**, Dibra. Chanvre peigné.
742 **Scariatesco G.**, Budesti. Chanvre taillé.
743 **Stanciu Marin**, Fundcaï. Chanvre taillé.
744 **Stano N.**, Vacaresti. Chanvre peigné.
Diplôme de mérite.
745 **Stefan M.**, Frasinu. Chanvre peigné.
746 **Ivanea N.**, Balanesti. Chanvre.
747 **Larizanu**, Slobozia. Chanvre peigné.
748 **Manulesco St.**, Buda. Chanvre taillé.
749 **Ranciu M.**, Bujoru Chanvre.
750 **Mateïo Ispasu**, Sacu. Chanvre peigné.
751 **Mateesco M.**, Morunesti. Chanvre.
752 **Chirica G.**, Visinesti, Chanvre.
753 **Chiritza Gavr.**, Amaru. Chanvre.
754 **Ciobanu Radu**, Gura Sutza. Chanvre.
755 **Ciolacu Mihaël**, Doveni, Chanvre.
756 **Circiumar Jon**, Piersinari. Chanvre.
757 **Cojocaro M.**, Cazaci. Chanvre taillé.
758 **Constantinesco J.**, Amarasti. Chanvre et lin. **Diplôme de mérite.**
759 **Ciuciuco Sore G.**, Besdadu. Chanvre taillé.
760 **Bordeano Gav.**, Scorteni. Chanvre.
761 **Burcea Badea**, Blejesti. Chanvre.
762 **Camara G. G.**, Schineni. Chanvre.
763 **Damian Stef.**, Sasca. Chanvre.
764 **Dedinu Andr.**, Dragachani. Chanvre.
765 **Dinu Michaël**, Tartasesti und Brezoiu. Chanvre.
766 **Fokchaneano S. T.**, Horatniceni. Graine de lin.
767 **Ghéorghio G.**, Cotesti. Chanvre.
768 **Gherasem J.**, Oboreceni. Chanvre.
769 **Costakié O.**, Rogna. Chanvre et lin.
770 **Calapod N.**, Vulturenti. Chanvre.
771 **Merceticą M.**, Oltu. Chanvre.
Diplôme de mérite.
772 **Dragomiru Radu**, Valea lunga. Chanvre peigné.
773 **Mitica Jon**, Motzatzei. Lin.
774 **Chirizoïu C.**, Fratzila. Chanvre en bottes.
775 **Maraloïu Joanna**, Mme., Suzesti. Chanvre peigné.
776 **Mladeano**, Mme., Rusetzu. Lin.
777 **Stamate V.**, Brosteni. Chanvre.
778 **Stamate V.**, Malini. Chanvre, lin, laine.
779 **Ceslaco Michaël**, Cahul. Chanvre.
Médaille pour le mérite.
780 **Dobreano G.**, Maleni. Chanvre peigné.

781 **Popalan M.**, Braïla. Chanvre.
Diplôme de mérite.
782 **Greceanu N.**, Bir ca. Chanvre et laine.
783 **Budea Petre**, Morneni. Etoupe, chanvre taillé.
784 **Pantelemon Pirjolu**, Petrochitza. Chanvre taillé.
785 **Litza Cr.**, Ograzeni. Lin, chanvre taillé et peigné.
786 **Pirvo Dutza**, Gaiseni. Lin, chanvre.
787 **Giano Nicolaë N.**, Motzatzei. Chanvre.
788 **Dutza Pervu**, Braïla. Lin, chanvre.
Diplôme de mérite.
789 **Polidor J. Anastase**, Giurgévo. Garance.
790 **Polidor Anastase**, Strimba. Garance.
791 **Momiceano J. E.**, Buta. Garance.
792 **Polidur A.**, Vlasca. Garance.
Médaille pour le mérite.

d) Cocons de vers à soie.

793 **Corneti E. C.**, Crajova. Cocons de vers à soie, de graines de milan.
794 **Goga J.**, Rapile. Cocons de vers à soie.
795 **Petroa Tudora**, Mme., Cuocova. Cocons de vers à soie.
796 **Gaga J.**, Rapide. Cocons de vers à soie.
797 **Sanda Tanase**, Bogdana. Cocons de vers à soie.
798 **Le Conseil municipal d'Ocna.** Cocons de vers à soie.
799 **Utilimesco G.**, Jassy. Cocons de vers à soie. **Diplôme de mérite.**

e) Laines.

800 **Christea Voïca**, Albotestie. Laine.
801 **Desa Mitica.** Ghizu. Laine en suint.
802 **Cioban Minco**, Jiliva. Laine lavée.
Diplôme de mérite.
803 **Carpu P. J.**, Tzibanesti. Laine espagnole.
804 **Tcherchez T.**, Risesti. Laine espagnole. **Médaille pour le mérite.**
805 **Denco Mileu**, Jiliva. Laine noire.
806 **Le Préfet de Jalomitza**, Laine.
807 **Manaïla Joana**, Mme., Suzesti. Laine peignée.
808 **Ivan Stefan**, Magurelle. Laine noire.
809 **Dulamsa Michalake**, Maglavitu. Laine blanche.
810 **Dobrila Radu**, Vizir. Laine peignée (zigaia).
811 **Baltéano Gr.**, Boldesti.
812 **Pascutza J.**, Malini. Laine (zigaia).
Diplôme de mérite.
813 **Negrutzo A.**, Bosesti. Laine espagnole, crins de chameau, chanvre.
Médaille pour le mérite.
814 **Hechter Salomon**, Bucarest. Crins, soies de porc.
Médaille pour le mérite.
815 **Franke Juliana**, Mme., Bucarest. Crin.
816 **Deca Mitica**, Pisco. Laine en suint.
817 **Vera Siméon**, Chichinete. Poils de chèvre blancs.
818 **Plopeano Grigore**, Perichor. Laine lavée (zigaia).
819 **Efimica**, Mme., Naziru. Laine.
820 **Stoïca N.**, Magurelle. Laine blanche.
Diplôme de mérite.
821 **Urso Gheorghe**, Filiu. Laine peignée.

f) Produits de l'exploitation forestière.

822 **Carpu Petre J.**, Tzibanesti. Chêne, hêtre, orme et sapin.
Diplôme de mérite.
823 **Beldiman Jorgu**, Hoceni. Frêne, hêtre, chêne et cerisier.
Diplôme de mérite.
824 **Administration des forêts de l'Etat**, Bucarest. Exposition collective des essences de bois qui se trouvent dans les forêts de l'Etat.
Médaille pour le mérite.
825 **Forêt de l'Etat à Malini.** Chêne, hêtre.
826 **Forêt de l'Etat à Bratovesti.** Chêne.
827 **Forêt de l'Etat à Séaca.** Charme.
828 **Forêt de l'Etat à Aninosa.** Chêne.
829 **Forêt de l'Etat à Architza Lunciloru.** Pin, peuplier, tilleul, noisetier, érable, frêne, aulne, charme.
830 **Forêt de l'Etat à Calugaréni.** Sapin, hêtre.
831 **Forêt de l'Etat à Fuzesti.** Bois de chêne.
832 **Forêt de l'Etat à Galu.** Sapin, hêtre.
833 **Forêt de l'Etat à Hangu.** Bouleau, érable, charme, hêtre, chêne et sapin.
834 **Forêt de l'Etat à Hurduoéu.** Buhalnitza. Hêtre, sapin et autres essences.
835 **Forêt de l'Etat à Lucacesti.** Frêne.
836 **Forêt de l'Etat à Murgociurilé.** Bois d'if et de tilleul.

837 **Forêt de l'Etat à Ontzu.** Noisetier et bouleau.

838 **Forêt de l'Etat à Pangaratzi.** Sapin, chêne.

839 **Forêt de l'Etat à Poénélé,** Vadurile. Frêne, érable.

840 **Forêt de l'Etat à Poénelé,** Piciorul Morgului. Hêtre.

841 **Forêt de l'Etat à Varnitza.** Sapin et pin.

842 **Forêt de l'Etat à Bugegi,** Plaio Prahova. Bois d'if et pin.

843 **Administration des hôpitaux** (Ephorie), Bucarest. Erable, orme et chêne des forêts de Carlogani.

844 **Barbo Bello,** Pétrochitza. Sapin, bouleau.

845 **Andresco Také,** Petrochitza. Planches de sapin, bardeaux.

846 **Cretzulesco Emmanuel,** Pesceana. Bois de construction (chênes) et douves; billes de différentes essences.

847 **Jonesco Costake,** Panesti. Cornouille.

848 **Andraso R.,** Petrochitza. Planches de sapin.

849 **Cananao Constantin,** Cornii. Troncs de chêne. **Diplôme de mérite.**

850 **German Nicolaë,** Potesti. Noix de galle.

851 **Diaconesco Jon Toma,** Petrochitza. Planches de noyer.

852 **Brato Jon,** Moroeni. Peuplier.

853 **Arndt Adam,** Filiasu. Ecorce de pin.

854 **Nicolaé,** prêtre, Moroeni. Peuplier, hêtre.

855 **Conseil général du district de Roman,** Hêtre, frêne, chêne, sapin.

856 **Negroponte J.,** Grozesti. Troncs d'essences forestières.

857 **Stirbey G.,** le Prince, Caracal. Chêne, sapin. **Diplôme de mérite.**

858 **Petresco C.,** Plasa Filipesti. Bouleau, noisetier, érable, chêne, orme, tilleul, frêne, hêtre.

859 **Salta Const.,** Baiesti. Noisettes.

860 **Zenian P. Popazolu,** Pormila. Chêne, orme, hêtre, frêne.

861 **Raducano B.,** Bicazu. Sapin, hêtre.

862 **Raducano Hurduco.** Sapin, pin.

863 **Predoiu Matei,** Dragoslavele. Planches, bardeaux.

864 **Negrutzi Al.,** Batzesti. Noyer, cerisier, poirier, alizier.

865 **Vasileano D.,** Bucarest. Coupure transversale d'une branche, dont les fibres représentent la forme d'une croix.

866 **Dumba Frères,** Afumatzi. Chêne, orme, mûrier, frêne, noyer et autres essences.

867 **Popesco Lice,** Petrochitza. Planches de sapin.

868 **Vasilesco D.,** Bucarest. Chêne.

869 **Marghiloman Hristodor,** Craiova. Frêne et orme.

870 **Gradisteano Emmanuel,** Ceptura, Campina, Rotari. Cerisier, bois d'if, amadou.

871 **Gradisteano J.,** Aninosa, Berivorst, Bagna Gradistea, Moroesti. Hêtre, chêne, orme.

872 **Lacusteano J.,** Locusteni. Sapin, hêtre, chêne.

873 **Marghilomean Hristodor,** Craiova. Frêne.

GROUPE III.

Arts chimiques.

1 **Bornath Ch., Dr.,** directeur du laboratoire de chimie de l'administration des hôpitaux, à Bucarest. Analyses des eaux minérales et des minéraux de la Roumanie. **Médaille pour le mérite.**

2 **Etablissements des bains de Slanic,** Trotuco. Eaux minérales.

3 **Belo & Mircesti,** Podurile. Eau ferrugineuse.

4 **Berlandt L.,** Bucarest. Oxyde de fer dyalisé (en pastilles).

5 **Bosié Nicolaë,** Averesti. Cire non blanchie. **Médaille pour le mérite.**

6 **Chiritzio C.,** Fratzila. Cire non blanchie.

7 **Constantinesco Gr.,** Buzéo. Pétrole brut et raffiné, huile pour graisser les machines. **Diplôme de mérite.**

8 **Kuhn Adolphe,** Ploesti. Pétrole raffiné. **Médaille pour le mérite.**

9 **Epitéso, Dr.,** Braila. Huiles d'ailantus (fleur du soleil) et de lin. **Diplôme de mérite.**

10 **Filichano Dimitrié,** Filiase. Huile de colza.

11 **Frank André,** Bucarest. Goudron concentré, oxyde de fer dyalisé, alcali tartrique ferrugineux, nitrate de fer ammoniacalisé, huile d'oranger, ferrocali tartaricum, nitrate d'argent fondu. **Diplôme de mérite.**

12 **Georgesco Pétraké,** Bucarest. Bougies de cire, cire minérale.

13 **Bello Barbo,** Scherbanesti. Eau minérale.

14 **Martinovici G.,** Composition liquide pour nettoyer les métaux, vernis pour chaussures.

15 **Mihalopulo V.,** Ploesti. Cire jaune, savons. **Diplôme de mérite.**

16 **Matusof Alexé,** Bucarest. Cire. **Diplôme de mérite.**

17 **Comité permanent,** Solesti. Cire jaune.

18 **Popesco N.,** Aninosa. Eau minérale.

19 **Popesco Vasilie,** Balteni. Cire jaune.

20 **Porumbaro Const.**, Bucarest, Poënari, Plasa Dimbovitza. Eau gazeuse et ferrugineuse.

21 **Sabovici J.**, Braïla. Bougies de cire jaune et blanche.

Médaille pour le mérite.

22 **Sachelarie**, Giurgèvo. Bougies de cire blanches.

23 **Schiler Zinca**, Balteni. Cire jaune.

24 **Sgircitu Jon**, Gropeni. Cire jaune.

Diplôme de mérite.

25 **Assan Gheorghé**, Bucarest. Huiles de colza et de lin.

Médaille pour le mérite.

26 **Laboratoire de chimie de l'Administration des Hôpitaux**, Bucarest. 41 sortes d'eaux minérales de la Roumanie, avec leurs analyses.

Médaille pour le mérite.

1. Capitala (Dobroteasa) (Source de Maritza Donna), ferrugineuse.
2. Magureni, sulfureuse.
3. Campina (Source de Macelarie), sulfureuse.
4. Predéalu, ferrugineuse.
5. Breaza, sulfureuse.
6. Slobozié, sulfureuse.
7. Predealu (Sources situées près de la mairie), contenant de l'iode et du brôme — sources d'eaux salines.
8. Valea Roznova,
9. Valea Roznova,
10. I. Schitu Predéalu,
11. II. Schitu Predéalu,
12. III. Schitu Predéalu,
13. Cornu,
14. Pacuretzi,

(8–14: Sources contenant de l'iode et du brôme; — sources d'eaux salines)

15. Albesti, sulfureuses et iodurées.
16. Bughea, source d'Hélène, sulfureuses et iodurées.
17. Serbanesti, salines et ferrugineuses.
18. Serbanesti sulfureuses.
19. Albesti, sulfureuse et iodurée.
20. Albesti (Source dans l'établissement de bains), sulfureuse et iodurée; eaux salines.
21. Bughea, sulfureuse, iodurée et ferrugineuse.
22. Balta alba, iodurée, — eaux salines.
23. Stoïenesti, contenant de l'iode et du brôme — eaux salines.
24. Bughèa (dans une métairie), contenant de l'iode et du brôme — eaux salines.
25. Bughéa Source du moulin). sulfureuse, fortement salée.
26. Serbanesti, sulfureuse.
27. Serbanesti, fortement hépatiques et sulfureuses.
28. Casciulata, eau bicarbonatée sulfureuse.
29. Kloster Cosia, sulfureuse et iodurée — eaux salines.
30. I. et II. Rimnicou Vilcéa (Source dans le jardin de Savoie). sulfureuse, — eaux salines.
31. Olanesti (Source de Catherine), sulfureuse, iodurée, ferrugineuse.
32. II. Calimanesti, ferrugineuse.
33. Olanesti, sulfureuse, iodurée et très salée.
34. Olanesti, sulfureuse, iodurée et salée.
35. Olanesti (de sub piatra), contenant de l'iode, du soufre, du brôme et du sel
36. Olanesti (Cascade), sulfureuse, iodurée et fortement salée.
37. I. Calimanesti, sulfureuse, iodurée et chlorhydrique.
38. Olanesti (Rubin V. et VI.), sulfureuse, iodurée et bicarbonatée — eaux salines.
39. Olanesti (Sources d'Alexandre), sulfureuse, iodurée et salée.
40. Olanesti, sulfureuse, iodurée et chlorhydrique.
41. Olanesti (Source des soldats), sulfureuse, iodurée, chlorhydrique et salée.

27 **La Municipalité de Maleni.** Baume.

28 **Stefanesco M.**, Ploïesti. Fleurs et fruits en cire.

29 **Uliéro Pétré**, Schitu Ghighiu. Huile de noix. **Diplôme de mérite.**

30 **Franke Juliana**, Mme., Bucarest. Colle forte.

31 **Simon Ath.**, Bucarest. Bougies de cire, décorées de fleurs, peintes, dorées, de toutes les grandeurs: gobelets, oeufs, bracelets de cire.

32 **Cantacouzino G.**, Valealunga. Goudron.

33 **Blank F. & Cie.** Fabrique de bougies de stéarine, Galatzi. Savons, bougies, savons cristallisés, glycérine brute et raffinée, acide de stéarine.

Pour les produits et pour l'introduction d'appareils perfectionnés.

Médaille pour le progrès.

34 **Laboratoire de chimie de l'Administration des hôpitaux**, à Bucarest. Produits extraits du pétrole.

Médaille pour le progrès.

1. Parafine, extrait de pétrole de Matitza.
2. Parafine, d'Ozokérit de Muréni.
3. Ether de pétrole (Ligroin), poids spéc. 0 700, du pétrole de Matitza et Pacuretzi.
4. Chérozène, poids spéc. 0·810, de pétrole de Pacuretzi et Matitza.
5. Huiles de parafine, poids spéc., 0.800 de pétrole de Colibachi et Pacuretzi.
6. Cherozène (photogène), poids spéc. 0·790 de pétrole de Pacuretzi et Matitza.
7. Benzine contenant du benzole de pétrole de Pacuretzi et Matitza, poids spéc. 0·760.
8. Huile Solar, poids spéc. 0.820, de pétrole de Colibachi et Pacuretzi.

GROUPE IV.

Substances alimentaires et de consommation comme produits de l'Industrie.

a) *Farines et produits farineux.*

1 **Porumbaro Const.**, Tunari. Farines de blé.
2 **Stefan Frères**, Bucarest. Pâtes alimentaires, **Médaille pour le mérite.**
3 **Badarau Jon. V.**, Vornicéni. Farine de millet.
4 **Staté G.**, Pascani. Farine de millet.
5 **Filitis Panaït**, Bucovu. Farine.
6 **Le Conseil municipal de Botochani**, Farine, orge perlée.
7 **Herbo Sevastian**, Tusla. Farine de maïs.
8 **Iliesco M.**, Bucarest. Amidon de blé. **Médaille pour le mérite.**
9 **Matiusof Aléxé**, Bucarest. Farine fine, gruau ordinaire et fin.
10 **Comité permanent**, Braïla. Biscuits.

c) *Boissons spiritueuses et liqueurs.*

11 **Dragomir D.**, Ploësti. Eaux-de-vie. **Médaille pour le mérite.**
12 **Filitis Panaït, Dr. Kugel & F. Siborowsky**, Bucovu (près Ploësti), distillerie. Cognac, **Médaille pour le mérite.**
13 **Joica Mihaïu**, Plenitza. Eau-de-vie.
14 **Moraïtu D. C.**, Plumbuita. Eau-de-vie. **Médaille pour le mérite.**
15 **Le Conseil général du district de Sutchava.** Eau-de-vie. **Diplôme de mérite.**
16 **Strul Hermann**, Panilé. Eau-de-vie. **Diplôme de mérite.**
17 **Blarenberg C.**, Bucarest. Spiritueux. **Médaille pour le progrès.**
18 **Badesco Stan.**, Otesti. Eau-de-vie de prunes.
19 **Balanesco G.**, Vasluiu. Eau-de-vie de prunes.
20 **Bostachi T.**, Munteni de jos. Eau de-vie de graines.
21 **Constantinesco G.**, Urseiulu. Eau-de-vie de prunes.
22 **Constantinesco Scarlat**, Viforita. Eau-de-vie de prunes.
23 **Gheorghe V.**, Vulturesti. Eau-de-vie de différents fruits.
24 **Margaritesco Const.**, Budisteni. Eau-de-vie de prunes.
25 **Margh'loman Jon.**, Buzéo. Eau-de-vie de prunes, vin blanc.
26 **Meltezeano Zamfiru**, Scherbanesti. Eau-de-vie de prunes.
27 **Morait Const. D.** Ghebari. Esprit-de-vin de prunes.
28 **Schlesinger S.**, Mihaïleni. Liqueurs assorties.
29 **Popovici Andréi A.**, Bucarest. Esprit-de-vin et amidon de riz.
30 **Sordoni Panaït**, Bucarest. Eau-de-vie de prunes. **Médaille pour le mérite.**
31 **Domaine de l'Etat de Malini.** Eau-de-vie de prunes.
32 **Steril Dragomir**, Bosieni, Plaiu Telejanu, Plaiu Prahova, Ghighiu. Esprit-de-vin, eau-de-vie.
33 **Trifo Nicolaé**, Braïla. Eau-de-vie au mastic.
34 **Udresco Ivan**, Bogati. Eau-de-vie de prunes.
35 **Tataresco G. M.**, Ploësti. Esprit de mélisse.
36 **Cantacouzino G.**, Valea lunga. Eau-de-vie de prunes.
37 **Le Conseil général du district de Roman.** Eau-de-vie de prunes, esprit-de-vin, esprit de mélisse.
38 **Chiritesco Michaïl**, Babuesti. Eau-de-vie de prunes.

d) *Vins.*

39 **Bosiano C.**, Valea meiloru. Vins. **Diplôme de mérite.**
40 **Bratiano Eugénie**, Mme., Bucarest. Vins.
41 **Nicolao P.**, Dragasani. Vins. **Diplôme de mérite.**
42 **Slatiéano A.**, Cernatesti. Vins. **Diplôme de mérite.**

43 **Féréchides Stefan**, Bucarest. Vins. **Diplôme de mérite.**
44 **Filitis Panaït**, Urlatz. Vins blancs et rouges.
45 **Tudose Nicolae.** Poenari. Vin rouge.
46 **Anastasio Andreasu**, Bosieni. Vin blanc.
47 **Angelesco Gr.**, Cotesti. Vin rouge (muscat).
48 **Atanasovici T.**, Bucarest. Vins et eau-de-vie de prunes. **Médaille pour le mérite.**
49 **Bonasesco Gr.**, Budisteni. Vin blanc.
50 **Botezu G. G. D.**, Houchi. Vin rouge.
51 **Cioraneano Gheorghe**, Urlatzi. Vin blanc.
52 **Cealico Costake**, Galatzi. Vin.
53 **Durmetu**, Buciumeni. Vins. **Diplôme de mérite.**
54 **Dimitriadi Crist.**, Urlatzi. Vins rouges.
55 **Dragulanesco J. M.**, Bucarest. Vins rouges. **Médaille pour le mérite.**
56 **Erbiceano G.**, Buciméni. Vins.
57 **Filitis Panaït**, Urlatzi. Vins blancs et rouges.
58 **Filitis Panaït**, Ploësti. Vin blanc.
59 **La Municipalité de Botochani**, Vins.
60 **Georgesco C. T.**, Ploësti. Vin blanc.
61 **Gheorghe V.**, Dragachani. Vins.
62 **Germann Nicolaë**, Pitéti. Vins.
63 **Gheorghiu Lascar**, Virtéjoiu. Vins rouges (Muscat).
64 **Gherasé Nicolaé**, Bucarest. Vins muscats; crûs de Dragasani, Corna alba.
65 **Ghiltzo N.**, Vicoresti. Vins.
66 **Girard Adolphe**, Ghidigéni. Vins.
67 **Glogovéano C.**, Crajova. Vins, eau-de-vie de prunes. **Diplôme de mérite.**
68 **Haret Michaël**, Botochani. Vin.
69 **Hoistosca**, Bucarest. Vin, vermouth.
70 **Janulesco Petraké**, Houchi. Vins rouges.
71 **Iltiesco Mariu**, Houchi. Vins rouges.
72 **Iliesco Petrache**, Houchi. Vin blanc.
73 **Joléa Mladiu**, Plenitza. Vin rouge, eau-de-vie.
74 **Jonesco Costake**, Panesti. Vins rouges et blancs. **Diplôme de mérite.**
75 **Jonesco Eftimie**, Urlazi. Vins rouges et blancs.
76 **Jonesco Jodake N.**, Bucarest. Vin rouge (Dragasani), eau-de-vie de prunes.
77 **Marghiloman Hristodor**, Craïova. Vin rouge.
78 **Hristesco J.**, Bucarest. Vin.
79 **Mihaesco Panaït**, Cotesti. Vin blanc (Muscat).
80 **Mosoé Pétré**, Mehedintzi. Vin.
81 **Odris Louis**, Botochani. Vin.
82 **Paraskiva Nicolao**, Fratzila. Vin.
83 **Paraskivo Nicolao**, Mme., Dragachani. Vin.
84 **Plaïno Al.**, Plainesti. Vin blanc.
85 **Radulesco N. M.**, Ploësti. Vins.
86 **Roseti Alagéa**, Mme., Caïutzu. Vin, vinaigre.
87 **Roseti Rosnovano Nicolaé**, Cotnari. Vins. **Diplome de mérite.**
88 **Sachélarie**, Giurgiu. Vins de Dragasani. **Diplôme de mérite.**
89 **Saftoiu Gr.**, Jiïu. Vin blanc.
90 **Serea Preotu Gh.**, Necoresti. Vin.
91 **Simulesco C.**, Fratzila. Vin.
92 **Simulesco Dim.**, Dragachani. Vin. **Diplôme de mérite.**
93 **Staïcovici C.**, Jiïu. Vin rouge.
94 **Tinca Gh.**, Nicoresti. Vin.
95 **Vogoridi C. Em.**, le Prince, Tziganesti. Vin.
96 **Zibelis Salomon**, Virtéjoiu. Vin. (Muscat).
97 **Ferichidi**, Bucarest. Vin.
98 **Floresco J.**, le Général, Bucarest. Vin.
99 **Tudosé Nicolaé**, Poénari. Vin rouge.

e) Bières et Vinaigres.

100 **Opler**, Bucarest. Bière. **Diplôme de mérite.**
101 **Gogulesco R.**, Micesti. Vinaigre de prunes.

g) Aliments conservés.

102 **Canmer Joseph**, Piatra. Extrait de viande, sirop de framboises.
103 **Gogulesco R.**, Micesti. Prunes séchées et fumées.
104 **Jacobsohn Barbuletzo**, Dimbovitza. Prunes séchées.
105 **Negritzu Ilié**, Scherbauesti. Prunes fumées et séchées.

h) *Tabacs ouvrés.*

106 **Régie des Tabacs,** Bucarest. Tabacs en feuilles, tabac à priser et à fumer, cigarettes. **Médaille pour le mérite.**

Le gouvernement roumain a concédé, le 18 août 1872, pour une durée de quinze années, l'exploitation du monopole des tabacs, dans toute l'étendue de la Principauté, à une Société de capitalistes anglais, français, hongrois et roumains. Ce monopole comporte le droit exclusif d'acheter et de vendre le tabac, de le fabriquer, d'introduire en Roumanie du tabac et des cigares étrangers, et enfin le prélèvement d'un droit d'entrée sur les tabacs importés de l'étranger par les particuliers. Dans les huit premiers mois de son exercice (d'avril 1872 à la fin d'avril 1873), la Régie a mis en oeuvre environ 2,000,000 de kilogrammes de tabac indigène et 150,000 kilogrammes de tabac étranger. Les deux fabriques de la Régie, à Bucarest et à Jassy, travaillent avec des machines à découper mues par la vapeur, et entièrement perfectionnées. Dans la première sont employées environ 500 personnes, et dans la seconde 400, dont les neuf dixièmes sont des femmes. On fabrique dans les établissements de la Régie 10 sortes de tabac à fumer, 16 sortes de cigarettes et 5 sortes de tabac à priser. En Janvier 1873 on a commencé la fabrication des cigarettes, à laquelle servent 38 machines à bras, qui ont été construites dans les ateliers de la Régie. Prochainement on commencera également à fabriquer des cigares pour la consommation de l'intérieur et l'exportation. Actuellement, sur les 60 sortes de cigares qui se trouvent en vente, 20 sont directement importées de la Havane. Depuis l'introduction du monopole, la consommation du tabac augmente dans de fortes proportions. Il se consomme chaque année environ 0.56 kilogrammes de tabac par tête.

Le climat et le sol de la Roumanie sont très favorables à la culture du tabac; celui qu'elle produit n'est nullement inférieur comme qualité au tabac turc.

La production du tabac dépasse déjà la consommation du pays et donne un superflu pour l'exportation.

La récolte de 1872 a été extrêmememt remarquable comme qualité et comme quantité; on l'évalue à un million de kilogrammes.

La Régie a pris des dispositions pour concentrer la culture dans les districts qui paraissent les plus propices, et elle y envoie des hommes spéciaux pour enseigner aux cultivateurs les différents modes de perfectionnement.

i) *Produits de la confiserie.*

107 **Fialkowsky C.,** Bucarest. Chocolats, conserves de fruits, articles de confiserie. **Diplôme de mérite.**

108 **Stojanovits Const. & Marinesco,** Braïla. Rahatl. (sucrerie turque), biscuits.

109 **Aleco & G. Jonesco,** Bucarest. Conserves d'abricots, d'oranges, de fraises; liqueurs fines.

110 **Varghélé Anatasié,** Galatzi. Rahatl (sucrerie turque) et conserves de fruits.

111 **Capsa Frères,** Bucarest. Chocolats, conserves de fruits, confiseries et sucreries. **Médaille pour le mérite.**

112 **Cantilimonesco Jon,** Bucarest. Conserves de fruits, confitures.

113 **Manicatide Manole,** Giurgevo. Rahatl, conserves de fruits, bonbons, liqueurs. **Médaille pour le progrès.**

114 **Pantelemonesco Jon,** Bucarest. Confitures de fruits.

115 **Dimitresco P.,** Galatzi. Rahatl, confitures de fraises, de coins, de framboises et autres.

GROUPE V.

Industrie des Matières textiles et Confections.

a) *Laines lavées, fils et tissus de laine.*

1 **Ilie N.,** Bucarest. Manteau pour voiturier, orné de fleurs; costumes de postillon, blancs, verts, rouges.

2 **Simo Dimitrié,** Bucarest. Draperie **Diplôme de mérite.**

3 **Schito M.,** Humaésti. Bas de laine.

4 **Gancefu Gheorghe**, Bolgrad. Manteau (schac).

5 **Hristea Voïca**, Botesti. Fils de laine.

6 **Dimitriu Gheorghe**, Valéni Téléga. Draps de laine ordinaires, toiles de lin, de soie et de coton, sacs à fourrage, coiffures, pantalons de paysan; chanvre et lin.

c) *Lin, chanvre, fils, tissus et tresses de lin, de chanvre et de jonc; articles de cordage.*

7 **Etablissement pénitentiaire de Tirgo Ocna.** Licoux en cordage, chemises de coton, toiles. **Diplôme de mérite.**
8 **Enesco Jon**, Pétrochitza. Toile de chanvre (arnic).
9 **Dumbravi D.**, Bogdana. Cordes d'aubier de tilleul.
10 **Dobreano G.**, Manoléa. Cordages.
11 **Sakelarié**, Giurgevo. Paniers en osier.
12 **Racota A.**, Giurgevo. Paniers en osier.
13 **Fabrique de Sadova**, Sadova. Couverte en jonc.
14 **Versaro Jon**, Biliesti. Couvertures en jonc.
15 **Panait Gheorghé**, Bucarest. Toile rayée, couvre-pieds.
16 **Jvanov V.**, Fokchani. Sangles en lin, licoux en sangles, fouets. **Diplôme de mérite.**
17 **Paraskiva Manolé**, Bucarest. Filets pour la pêche, couvre-pieds.
18 **Greceano N.**, Craïova. Serviettes en piqué, toile, coton, brodées en soie et or, coiffures en soie, tissus de soie brodés d'or et de soie, manches de soie, chemises de paysan, robes plissées, vestes blanches, ceintures coloriées et aux perles, tapis à voiture de poils de chèvre, housses en laine, chemises brochées, filets, draps ordinaires (aba).
19 **Direction des établissements pénitentiaires de l'Etat**, Bucarest. Articles de corderie fabriqués par les détenus. **Médaille pour le mérite.**

d) *Soie crue, soie grége, fils et tissus de soie.*

20 **Seferolo Carabet**, Bucarest. Tissus de soie.
21 **Utilimesco Jon**, Jassy. Soies gréges. **Diplôme de mérite.**
22 **Serghiad A.**, Urbca Jin. Soies gréges.
23 **Tache Nicolaë**, Alexandria. Soies coloriées.
24 **Zamfira Teodoresco**, Mad., Jassy. Assortiment de soies gréges et coloriées.
25 **Vlasto Anastase**, Craiova. Soie grége.
26 **Cretzulesco Polina**, Mad., Bircei. Soie grége.
27 **Stingaciu A. G.** Mad., Houchi. Soie grége.
28 **Donici Manolaké**, Radiana. Soie grége.
29 **Negrutzi Al.**, Botesti. Soie grége.

h) *Habillements, Confections.*

30 **Etablissement pénitentiaire** de Margineni. Cuirs, semelles, ceinturons, pantoufles, bottes et chaussures. **Diplôme de mérite.**
31 **Martin Ferdinand**, Bucarest. Chapeaux en castor et en soie. **Diplôme de mérite.**
32 **C'mischo Nichita**, Ismaïl. Bottes.
33 **Marinescu Pandélé**, Bucarest. Bottines à la Polonaise à élastiques et vernies. **Diplôme de mérite.**
34 **Dumitru Jonitza**, Craïova. Chaussures pour dames, bottes à l'écuyère.
35 **Soroczizky Etienne**, Bucarest. Bottes de roussi et à cirer, pantoufles, bottines en satin, chaussures brodées et pour paysans. **Médaille pour le mérite.**
36 **Margarit Al.**, Fokchani. Chaussures pour dames et hommes.
37 **Stefanesco Nicolaé**, Bucarest. Bottines de velours et vernies, bottines rouges (bocani). **Diplôme de mérite.**
38 **Lempart Léon**, Bucarest. Chapeaux d'hommes **Médaille pour le mérite.**
39 **Wetzel Charles**, Bucarest. Chapeaux, capuchons. **Diplôme de mérite.**

40 **Martin Paul**, Bucarest. Chapeaux à la Thiers, Jokey, Gentleman, Princière, Grévy, Regattes, Amazones. **Diplôme de mérite.**

41 **Stoïan Ion.**, Bucarest. Bonnet persan, de maçon, de pâtre.

42 **Pantazi M.**, Bucarest. Chapeaux de soie, feutre et peluche. **Diplôme de mérite.**

43 **Dimitresco**, cordonnier, Giurgévo. Chaussures. **Diplôme de mérite.**

44 **Jerominsky François**, Galatzi. Bottines en satin pour dames. **Diplôme de mérite.**

45 **Grünbaum Frères**, Bucarest. Vêtements pour hommes. **Diplôme de mérite.**

46 **Rosenfeld A.**, Bucarest. Uniforme et képi de général, képis de directeur de poste et de préfet, épaulettes brodées, galons de képi.

47 **Brand**, Bucarest. Bottes à l'écuyère, anglaises, chaussures de montagne. **Médaille pour le progrès.**

48 **Valentin Jean**, Bucarest. Tenue de gala et de campagne de colonel d'infanterie, tuniques d'officier d'artillerie. **Diplôme de mérite.**

49 **Valentin Jean**, Bucarest. Vêtements pour hommes.

50 **Scheffer Mayer**, Fokchani. Vêtements pour hommes. **Diplôme de mérite.**

51 **Ruff Andreas**, Bucarest. Fauteuils et chaises garnis de peaux de moutons.

i) *Ouvrages du Tapissier.*

52 **Olbrich A.**, Bucarest. Portières en satin rouge. **Médaille pour le mérite.**

53 **Hänich H.**, Bucarest. Tabouret garni de satin bleu.

GROUPE VI.

Industrie du Cuir.

a) *Cuirs et objets en cuir.*

1 **Arndt Adam**, Faltitcheni. Veaux cirés et veaux blancs.

2 **Stefanesco Dumitrake**, Bucarest. Selles pour paysans, harnais cirés et blancs.

3 **Schedlinski F.**, Bucarest. Roussi et peaux de mouton.

4 **Hayeck & Fils**, Jassy. Harnais anglais montés en talmi et en argent, selles de dames et de cavaliers. **Diplôme de mérite.**

5 **Gradisteano Emmanuel**, Comarnicu. Peaux maroquinées, roussi, couleurs, peaux de mouton.

6 **Chepechi Frères**, Craiova. Roussis, peaux blanches pour la sellerie. **Diplôme de mérite.**

7 **Cringo Haggi Nicolaë**, Focchani. Peaux de veau et roussis.

8 **Fiala C.**, Bucarest. Peaux de vache et de cheval corroyées, peaux vernies, roussis. **Médaille pour le mérite.**

b) *Pelleterie et Fourrures.*

9 **Catargio A.**, le Capitaine, Bucarest. Chat sauvage empaillé.

10 **Costaforo G.**, Bucarest. Ours empaillé.

11 **Floresco Jon.**, le Général, Bucarest. Deux loups empaillés.

12 **Haicher Alois**, Bucarest. Fourrures coloriées, fourrures de loup, de martre, de renard, de mouton et de chacal.

13 **Ionesco Angel**, Bucarest. Fourrures de loup et de bouc.

14 **Ionesco N.**, Bucarest. Fourrures de moutons et de chiens noirs, de loutre et de renards.

15 **Naé Predoiu**, Campulungu. Fourrures de moutons.

16 **Olteano Jon N.**, Corbischor. Fourrures de chèvres noires.

17 **Panaït Oprea**, Bucarest. Fourrures de martre, de loutre et de cerf.

18 **Florian Jon.**, Campulung. Fourrure de renard.

19 **Bratiano Eugénie**, Mme., Bucarest. Ours empaillé.

20 **Giano Jon.**, Bucarest. Fourrures. **Médaille pour le mérite.**

21 **Dutza M.**, Bolintin. Fourrure.

22 **La Corporation des Pelletiers,** Bucarest, par Nic Gheorgheu. Fourrures.
23 **Moisievu Simion,** Ismaïl. Fourrures.
24 **Margaritesco Sava,** Jiu. Fourrure de renard.
25 **Jlano Marin,** Slatina. Fourrures.
26 **Mană G.,** Rimnic-sarat. Fourrures d'agneaux noirs et blancs.
27 **Seri Ferentz,** Malini. Fourrure de loup.
28 **Gheorghieff Jon.,** Bolgrad. Petite fourrure de mouton.
29 **Gospodin Mih.,** Bolgrad. Bonnet de fourrure noire
30 **Stanesco Grigore,** Craïova. Fourrure de zïbeline.
31 **Statesco Mitron Ilié,** Craïova. Fourrures de mouton grandes et petites, bonnets de fourrure noire

Médaille pour le mérite.

32 **Janco Thomas,** Pitesti. Fourrures (cojocu, peptar).
33 **Michaël Luca,** Pitesti. Fourrure.
34 **Cojocaro N.,** Balcesti. Fourrure pour femmes.
35 **Gilet de fourrure.**
36 **Jonesco Naé,** Bucarest. Fourrure.
37 **La Commission princière de la Roumanie pour l'Exposition universelle de Vienne 1873,** Bucarest et Vienne. Groupe d'animaux empaillés et exposition collective de fourrures.

Médaille pour le bon goût.

38 **Subtziri Nic.,** Bucarest. Fourrures.

GROUPE VII.

Industrie de Métaux.

1 **Greceano N.,** Crajova. Clous et clefs.
2 **Etablissement pénitencier de Tirgo-Ocna.** Serrures de fer, fabriquées par les détenus.
3 **Feldesco & Co.,** joailliers, Bucarest. Bijoux. Parure en or, ornée de camées; un papillon garni de diamants etc.
4 **Cutono Pétre S.,** Bucarest. Fusil albanais.
5 **Gelescov Galcu,** Bolgrad. Boucles de ceinture en argent (paftale).
6 **Constantinesco J.,** Bucarest. Plateaux de balances.
7 **Carapati,** Bucarest. Cafetière et médaillon en argent.

Médaille pour le mérite.

8 **Glück Hersch,** Bucarest. Chandeliers en cuivre.
9 **Rosen W.,** fabricant, Bucarest. Poêle anglais.
10 **Rokasky N.,** Bucarest. Serrure.
11 **Podczasky Valentin,** Zworastea. Charrue. **Diplôme de mérite.**

GROUPE VIII.

Bois ouvrés.

1 **Babik Michaël,** Bucarest. Médaillon en chêne sculpté, représentant deux pigeons.
2 **Boboco Naé S.,** Bucarest. Mortiers, pots, sceaux, corbeilles, salières, chandeliers taillés en bois.
3 **Cirstéa Stoïca,** Adinca. Fût.
4 **Dinca Jon,** Oboga. Ecuelles, jattes, pots, vates, hachoirs, en bois.
5 **Godeano P.,** Badeni Bardeaux.
6 **Greceano N.,** Crajova. Seau en prunier, croix en cèdre, porte-cigares en bois, bouquins en ambre noir, souricière.
7 **Jonitza Jon,** Bucarest. Articles de boissellerie: baquets, seaux, croix, bahuts, crampons, pots, chandeliers, assiettes, cuillers, pelles, crics.

Diplôme de mérite.

8 **Dogar Michaël,** Pitesti. Douves.
9 **Mocano D.,** Bogdana. Canne.
10 **Nicolaé Jon,** Bucarest. Seaux et jattes.
11 **Petresco C.,** Slanic. Un fût de chêne, douves.
12 **Podar Trusca,** Oboga. Hachoir, écuelle.
13 **Predoio Mateiu.** Bordeaux.
14 **Prestele Jon.** Bucarest.
15 **Russo A. Gheorghe,** Bucarest. Bouteilles et pots, taillés en bois.

Diplôme de mérite.

16 **Schmidt Adolphe,** Bucarest Appareil mécanique pour laver le linge.

Médaille de mérite.

17 **Etablissement pénitencier de Tirgo-Ocna.** Articles de boissellerie fabriqués par les détenus: pipes, cuillers, boîtes à tabac.
18 **Vrinceano N.,** Bogdana. Boissellerie ordinaire.

GROUPE IX.

Objets en pierre, industrie de la verrerie et de la céramique.

1 **Balteano Gr.**, Balténi, Topchor et Valarié. Pierres meulières.

2 **Marin Jon & Barda Jorgu**, Obaga. Articles de poterie ordinaire.

GROUPE X.

Tabletterie, Maroquinerie, Bimbeloterie.

1 **Benisch Joseph**, Bucarest. Chapelets en sel gemme, gobelets en noisetier, cuillers en bois, couteaux, fourchettes. **Diplôme de mérite.**

2 **Dosofteïa**, religieuse, Bucarest. Chapelets.

3 **Simon François**, Bucarest. Brosses.

4 **Ene Dinu G. G.**, Campulung. Licoux, fouets.

5 **Le Conseil municipal de Botochani.** Porte-manteaux, licoux en cuir.

6 **Marghilomano Jon**, Bouzéo. Ambre noir.

7 **Movila Elena**, Mme., Neamtzu. Chapelets.

8 **Olteano Jon**, Giurgévo. Croix en bois sculpté.

9 **Raducano Jon**, Bucarest. Brosserie. **Diplôme de mérite.**

10 **Propriété de Son Altesse le prince Charles Ier de Roumanie.** Des objets en ambré noir (roumain).

11 **Floresco Jon**, le Général, Bucarest. Objets en ambre noir.

12 **Schaefer N.**, tourneur, Bucarest. Bois de cerf.

13 **Bizirte H.**, Bucarest. Articles en ambre noir. **Diplôme de mérite.**

14 **Spirake Atanasie**, Bucarest. Statues de saint et croix en bois sculpté.

15 **Sakelarié**, Giurgévo. Gibecière.

GROUPE XI.

Industrie du papier.

1 **Asache G. G.**, Petrodava. Papiers de couleur.

GROUPE XII.

Arts graphiques et dessins industriels.

1 **Gebauer Alexandre**, Bucarest. Touches de piano.

2 **Nagy Adolphe Et.**, Bucarest. Reproduction galvanoplastique de médailles et monnaies. **Médaille pour le mérite.**

3 **Opler V.**, Bucarest. Vues photographiques de la brasserie Opler.

4 **Pestemangioglio**, Braïla.

5 **Wilke Jacques**, Bucarest. Dessin de plafond.

6 **Spiresco P. S.**, libraire-éditeur, Bucarest. Ouvrages publiés par cette maison.

7 **Joanidé G.**, Bucarest. Almanachs et livres.

8 **Weiss F.**, Bucarest. Cahiers de musique.

9 **Schandrovits Janda A.**, Cahiers de musique.

10 **Tusen Louis**, Galatzi. Dessins, travaux calligraphiques.

11 **Sotscheck & Cie**, libraire - éditeur. Editions de sa maison. Bucarest.
Diplôme de mérite.

12 **Szatmary Charles**, photographe de la cour, Bucarest. Vues photographiques de paysages, monuments, chemins de fer roumains.
Médaille pour le mérite.

13 **Szatmary Anna**, Mad., née Böttger. Vues photographiques de couvents et de costumes nationaux roumains.

14 **Association coopérative des imprimeurs** (librairie de la cour), Bucarest. Panorama de Bucarest. Travaux d'imprimerie. **Diplôme de mérite.**

15 **Imprimerie de l'Etat**, Bucarest. Codes, règlements, imprimés administratifs.

L'imprimerie de l'Etat a été fondée en 1838. Elle a reçu de Vienne, en 1860, les premières presses rapides. En 1861, on a réuni avec elle l'ancienne imprimerie métropolitaine. Ce grand établissement a pris d'importants développements depuis la réunion des deux Principautés danubiennes, qui a nécessité l'impression de nombreux documents officiels, pour faire sentir à toutes les provinces l'impulsion du pouvoir législatif central et de l'administration. Elle emploie 60 ouvriers et 20 apprentis, qui sont instruits aux frais de l'État. Elle possède 11 presses à vapeur qui occupent un personnel de 70 ouvriers, et une fonderie de caractères qui occupe également 15 personnes.

Elle imprime tous les recueils de lois, règlements et autres actes du gouvernements — le journal officiel (Monitore official), qui paraît tous les jours et se tire à 8000 exemplaires — les débats du Sénat (3200 exemplaires) et de la Chambre des députés; (3500 exemplaires) — le Moniteur de l'armée (1000 exemplaires) — le Journal des postes et des télégraphes (500 exemplaires), le bulletin de la haute Cour de justice (1000 exemplaires) — la feuille officielle du ministère des travaux publics (500 exemplaires) — les Archives historiques de la Roumanie, les Annales statistiques (1000 exemplaires) — et en outre tous les livres d'école du pays, dont 80,000 exemplaires sont actuellement sous presse, ainsi que de nombreux ouvrages scientifiques. En 1869, elle a imprimé 16,000,000 de feuilles. Ses recettes se composent d'un subside de 180,000 francs de l'État, du produit des annonces et abonnements au Moniteur (140,000 francs) et de la vente de livres et de divers imprimés (100,000 francs). Elle fournit aussi des caractères à toutes les imprimeries du pays.

GROUPE XIII.

Machines, matériel de transport.

1 **Popesco & Aninosa**, Bucarest. Balances.

2 **Sudiacky Valentin**, Isvoranea. Charrue en fer.

3 **Franz Jean**, Bucarest. Voiture pour la chasse de l'outarde, traîneau.

4 **Waller & Hartmann**, Bucarest. Pompe à vapeur, charrue en fer.
Diplôme de mérite.

5 **Carpu P. J.**, Tzibanesti. Une roue de chariot.

GROUPE XIV.

Instruments de précision et de l'Art médical.

1 **Arsenié Jon J.**, Bucarest. Préparations chirurgicales.

2 **Lempart**, Dr., Bucarest. Râteliers artificiels.
Médaille pour le bon goût.

3 **Lemaître M.**, Bucarest. Poids.

4 **Rüppel B.**, Bucarest. Mouvement de montre avec échappement à ancre.

5 **Travisani & Broehm**, Bucarest. Instruments scientifiques.
Médaille pour le mérite.

GROUPE V.

Instruments de musique.

1 **Stassic V.**, Bucarest. Instruments à vent en cuivre. Cornet à piston, cor à baryton, trombone, euphonion, bombardon. **Diplôme de mérite.**

2 **Zach Franz**, Bucarest. Violons.

3 **Gradisteano Emmanuel**, Ceptura. Trompette.

4 **Rado C.**, Tazlaou. Cobsa (guitare nationale).

GROUPE XVI.

Art militaire.

1 **Ministère de la Guerre**, Bucarest. Uniformes et articles d'équipement de l'armée et de la marine roumaine. **Médaille pour le progrès.**

2 **Direction des ateliers de l'arsenal**, Bucarest. Projectiles pour les différentes armes et calibres, balles, capsules, cartouches à canon et à fusil, boutons en cuivre, gaînes, armes blanches, etc. **Médaille pour le progrès.**

Cet établissement a été fondé en 1862 à Bucarest. Il contient des ateliers pour la fabrication des canons et des armes à feu, des cartouches métalliques, des boutons en cuivre, des capsules fulminantes, des étoupilles de tout système, ainsi que des ateliers de charronnage. Il s'occupe de la construction et de la réparation de tout le matériel d'artillerie, du train des équipages, des pontonniers, des ambulances militaires et des pompiers. Trois moteurs à vapeur, ayant ensemble une force de 60 chevaux, font mouvoir les machines de travail, qui sont toutes construites d'après les modèles les plus nouveaux.

Le personnel de la direction se compose de 60 personnes, et le personnel des travailleurs de 5 à 700 ouvriers ou ouvrières (ces dernières pour la fabrication des cartouches et étoupilles), dont 400 sont militaires et 2 ou 300 civils.

Depuis 1865 on a commencé à installer à Tergoviste (à environ 100 kilomètres de Bucarest) un vaste arsenal qui sera prochainement achevé, et dans lequel sera concentrée la fabrication des armes blanches, des armes à feu, des canons et des équipages, ainsi que du matériel d'équipement pour toute l'armée. Cet établissement sera organisé d'après les systèmes les plus récents et reconnus les plus parfaits; il promet de devenir un établissement modèle. Les ateliers seront chauffés par la vapeur. Déjà les machines destinées à la construction des roues et des autres parties des équipages ont commencé à fonctionner; chacune d'elles peut confectionner par jour de 40 à 50 roues.

GROUPE XVIII.

Matériel et procédés du génie civil.

1 **Busuiocesco J. J.**, Namaësti. Echantillons de chaux.

2 **Donici G. G.**, Bogana. Chaux.

3 **Rucaréano N.**, Campulung. Echantillons de marbre.

GROUPE XX.

Types d'habitations rurales, ses dispositions, ses utensiles et son mobilier.

1 **Constantinesco Gr.,** Buzéo. Plan d'une maison de paysan.
2 **Le Conseil municipal de la commune de Radachéni.** Plan d'une maison de paysan.
3 **Ingénieur,** de Caracal. Plan d'une maison de paysan.
4 **Comité permanent,** Vaslui. Plan d'une maison de paysan.

GROUPE XXI.

Industrie domestique nationale.

1 **Ciona M. St.,** Moglavitu. Rubans de ceintures.
2 **Cireschiano Safta M.,** Ploesti. Chemises en soie, coiffures.
3 **Coléa Joana,** Mme., Isalnitza. Vêtements pour paysanne.
4 **Le Conseil municipal de la commune de Slobozia.** Chemises de paysan, vêtements de paysanne, tabliers.
5 **Constantinesco Efrosina,** Mme., Compina. Coussin de bouts de drap.
6 **Cornesco Elena,** Mme., Bucarest. Chemise brodée d'or, jupon, tissu de soie brodé, toile pour chemises, tablier, ceinture bleue, coiffures, rubans de ceinture. **Médaille pour le mérite.**
7 **Creasca Elena,** Mme., Viziru. Toile ordinaire, cotonnade à raies jaunes.
8 **Crasnar Hélène,** Mme., Urdari de jos. Chemise en soie, vêtement en laine.
9 **Cutov Anne,** Mme., Bucarest. Un tableau brodé de soie.
10 **Diaconesco N.,** Vaslui. Tablier.
11 **Fruja Dimitrié,** Costieni-Mare. Mouchoir brodé.
12 **Dimitrio Zamfira G. G.,** Tirgo-Ocna. Serviettes.
13 **Diornu Stan,** Motzatzi. Ceintures (briu).
14 **Dino M.,** Tzigania. Serviettes.
15 **Dobresco Annéta,** de l'institution Ste-Marie (Dames anglaises), Bucarest. Broderie à fils d'argent.
16 **Doésaché,** prêtre, Campulung. Costume de paysan.
17 **Dolan Nicolaë,** Risipitzi. Drap blanc, dit dimié.
18 **Dragonicéasca Stanca,** Mme., Campulung. Chemise de paysan.
19 **Dumitriu Fruja,** Costieni-Mare. Coiffure.
20 **Alevra Maria,** Mme., Maleni. Toile de lin mêlé de coton.
21 **Alexandro Const.,** Costieni de jos. Etoffes de soie pour chemises.
22 **Gongo D. Jordana,** Mme., Balacenu. Tapis de laine.
23 **Anghelesco Jon,** Moroeni. Drap blanc et noir, dit dimié.
24 **Anda Janos,** Liveni Calugara. Chemises de femme, rubans de ceinture (dits brâu de lâna, bette).
25 **Arghirovici Chiritza,** Campulung. Couvertures de laine.
26 **Armasel Gr.,** Muiereasca de jos. Sacs de fourrage en tissu de crin.
27 **Arzoïu Jon G.,** Pétrochitza. Drap blanc, dit dimié.
28 **Asan Pétré,** Moroëni. Toile d'étoupe ordinaire.
29 **Balaceasca Utza,** Mme., Pétroschitza. Coiffure en soie. **Diplôme de mérite.**
30 **Baleano,** Gr. Bucarest. Drap rayé dit Struck; étoffes de laine jaune, grise, blanche et brun foncé. **Médaille pour le mérite.**
31 **Banica Milea,** Mme., Perischor. Fils de laine.
32 **Le Conseil municipal des communes de Budesti et Craciuni.** Vêtements longs pour paysans.
33 **Bojoiu Vasilié,** Salciora. Coiffure.
34 **Boranescu Hélène D.,** Mme., Bucarest. Laine rouge.
35 **Ciocano Toma,** Petrochiza. Drap noir.
36 **Brosteano Bala.** Mme., Tarcanest. Tapis de laine, chemises de soie, coiffures, vêtements de laine pour paysannes.
37 **Budiu Sava,** Mme., Albotesti. Voiles de soie brodés, tissu de lin et de coton.

38 **Buiuclio Eliza**, Mme., Bucarest. Plastron de chemise de femme, brodé.
39 **Buiuclio Elena**, Mme., Bucarest. Coussin de velours noir.
40 **Bulac Maria**, Mme., Vultureni. Tapis, serviettes en toile.
41 **Bunea Stanea J.**, Mme., Rucaru. Voile à coiffure.

Médaille pour le mérite.

42 **Le Sous-Préfet de l'arrondissement d'Oltenitza.** Tissus de laine.
43 **Calinesco Elena**, Mme., Galatzi. Cordon à sonnette brodé.
44 **Efimesco Marie**, Mme., Codaësti. Serviettes, tissu de soie.
45 **La Supérieure du couvent de Fratzila** (la) soeur Epiphania Marie). Toile de coton, bas de laine, rubans à ceinture.
46 **Ghitza Jon**, Giurgévo. Tapis de laine.
47 **Epraxia**, religieuse, Rogozu. Tissus fabriqués au monastère.
48 **Fevronia**, religieuse. Rogozu. Tissus fabriqués au couvent.
49 **Galiceano Pétré Jon**, Maglavitu. Coiffure en soie.
50 **Gabriel Marie**, Mme., Bucarest. Mouchoir aux coins brodés.
51 **Le Conseil municipal de Botochani.** Articles de cordage et de chaussure ordinaires.
52 **Gheorghesco C. T.**, Gherghitza. Couverture à pied.
53 **Gheorghesco Maria**, Mme., Bucarest. Broderies de laine.
54 **Argiro Anghel**, Braïla. Tableau brodé de fils d'or, encadré.
55 **Gheorghescu Eugénie.** Mme., Bradiceni. Tissu de soie grége.
56 **Gheorghiu Maria**, Mme., Balcesti. Chemises de femme.
57 **Gheorghie Maria**, Mme., Baicoiu. Chemises, tabliers, ceintures.
58 **Ghitza Gheondea**, Giurgévo. Chemises pour paysan, pantalons, veste sans manches (ilie).
59 **Ghitza G.**, Costieni de jos. Tissu de soie grège.
60 **Le Supérieure du couvent de Namoësti** Dragoslavélé. Toile de coton, tissu de coton à raies.
61 **Gogu D. Jodana.** Mme., Balaceani. Couvre-pied.
62 **Les Religieuses du couvent** de Tziganesti. Costume complet de religieuse. **Médaille pour le mérite.**
63 **Greflu D.**, Tirgu-Ocna. Chapeaux, chemises, manteaux (sarica) pour paysans.
64 **L'Asile Elena Domna**, (orphelinat de filles et institution pour les enfants-trouvés); Bucarest, sous le patronage de Son Altesse la Princesse Elisabeth de Roumanie. Collection de costumes nationaux, broderies, tapisseries, travaux à la main exécutés par les élèves.

Diplôme d'honneur

Cet établissement est administré par l'Ephorie des hôpitaux. Ses magnifiques bâtiments se trouvent situés à Cotrotzeni, en face du palais d'été du prince. La première pierre en fut posée en 1862 par la princesse Hélène Couza, et les frais de construction ont été couverts par les dons des dames de Bucarest et les cotisations volontaires recueillies dans la Roumanie tout entière. Les jeunes orphelines y sont reçues sans aucune distinction de religion ni de nationalité. Il s'y trouve en ce moment 300 orphelines et enfants-trouvés, qui reçoivent en premier lieu l'instruction des quatre classes élémentaires. Les plus capables d'entre elles sont préparées, par un cours supérieur, à devenir institutrices; les autres sont principalement exercées aux travaux manuels et à la direction d'un ménage. Le plan des études, pour le cours supérieur, est tracé sur celui des lycées, avec cette seule différence que le grec et le latin y sont remplacés par l'enseignement du français et de l'allemand, dont l'étude est obligatoire; on y enseigne aussi la tenue des livres, les sciences naturelles et la physique, l'hygiène et la pédagogie, d'après la méthode de Froebel. Les élèves qui ont suivi avec succès le cours supérieur sont, au bout de la sixième année, admises comme institutrices dans les classes élémentaires et préparatoires de l'établissemend; puis, après un examen sérieux, on leur délivre le diplôme d'institutrices. Un certain nombre d'entre elles sont déjà dans les instituts modèles d'Allemagne pour s'y perfectionner dans l'art de l'enseignement.

65 **Hilitesco Nichita**, Malini. Toile de lin.
66 **Jeceleano Nicolae**, Pétroschitza. Toiles de lin.
67 **Iliaxohca Marghida**, Mme., Bucarest. Couverture à pied.
68 **Ilinca A.**, Mme., Floresti. Coiffure, tissu de soie, ceinture à paillettes d'or (bette).
69 **Iliad Maria**, Mme., Liesti. Nappes de lin.
70 **Valuda Fanny.** Mme., Bucarest. Chemises de femme brodées.

Médaille pour le mérite.

71 **Le Conseil général du district de Prahova.** Habillements pour hommes et femmes; fils de lin et de chanvre, bonnets à poils. (Produits de l'industrie domestique).

Médaille pour le mérite.

72 **Joncasca Zinca**, Craiova. Nappe de lin.
73 **Jonesco Hélène**, Mme., Bucarest. Mouchoir de linon.
74 **Jonesco Gr.**, Mme., Gurbanesti. Couvre-pieds en couleurs.
75 **Jonesco Lucie**, Mme., Bucarest. Mouchoir brodé.
76 **Joneletto Gr. J.**, Balcesti. Manteau de paysan.

77 **Rakotzi Antoine.** Nattes de jonc.
Diplôme de mérite.
78 **Ioanidi Litza,** Mme., Bucarest. Chemises de soie, rubans à ceinture, tablier brodé, orné de paillettes d'or.
79 **Julca,** Mme., Plenitza. Coiffures.
80 **Cilipira Neacsu Jeanne,** Mme., Litza. Tissu de soie grége.
81 **Giondéa D.,** Bucarest. Costume de paysan. **Médaille pour le mérite.**
82 **Leonida Leoni,** Costieni mori. Coiffure.
83 **Jonitza Jon.,** Bucarest. Boissellerie.
Diplôme de mérite.
84 **Lucasevici,** Mme., Bucarest. Chemise de soie brodée, ornée de paillettes d'or, jupon, vêtement, tablier, ceinture rouge.
85 **Tonesco Hélène,** Mlle., Roman. Broderies et tapisseries.
Diplôme de mérite.
86 **Exposition collective de l'industrie domestique nationale de la Roumanie.** Travaux à l'aiguille, broderies, costumes, tissus. **Diplôme de mérite.**
87 **Les Religieuses Zoé, Maura, Epraxie** du couvent de Tziganesti. Couverture et pieds en laine, tissus de soie, bas de laine.
88 **Le Conseil municipal d'Ocna.** Chemises et serviettes.
89 **Polixénie,** religieuse, Fratzila. Chemises de femme.
90 **Nanachia Elefteria,** Mme., Varasci. Etoffes pour habillements de religieuses.
91 **Mano Alexandrina,** Mme., Bucarest. Tabliers brodés en fils d'or.
92 **Manéa Ancutza,** Mme., Floresti. Chemises de femme.
93 **Bunèa Stana,** Rucazu. Broderies.
Diplôme de mérite.
94 **Marculesco Marin,** Horezu. Tapis.
95 **Marinesco Stan,** Catinesti. Habillements de paysans.
96 **Le Conseil général du district de Romnic-Sarat.** Exposition collective des produits de l'industrie nationale domestique du district: cuirs, draps, toiles, broderies ordinaires, lingeries.
Diplôme de mérite.
97 **Mataché Dascal Marie,** Mme., Bucarest. Couvre-pied, toile blanche, tissu de soie et de laine.
98 **Mateïu Gh.,** Tintava. Serviettes.
99 **Mateïu Maria,** Mme., Balcesti. Ceintures (bette).
100 **Melinte Jon.,** Dragaschani. Toile de lin.
101 **Mihaïl Elisabeth,** Mme., Bucarest. Mouchoir brodé, chemises d'homme et de femme brodées.
102 **Mihaïu Dumitru,** Viforita. Coiffure.
103 **Mihaïu Lepadatu Jon.,** Calicea-Mare. Ceinture (briu).
104 **Mihaïu Rada,** Mme., Otzelesti. Chemises de femme.
105 **Mirfu G. G.,** Campulung. Manteau pour paysan, fourrure d'agneau.
106 **Le Conseil général du district Ilfove.** Exposition collective des produits de l'industrie nationale domestique du district: articles de linge de table et de corps, habillements pour hommes et femmes, boissellerie.
Médaille pour le progrès.
107 **Mitresco G.,** Viforita. Soutanes blanches et noires, ceintures en couleurs. couvertures et couvre-pieds.
108 **Mitresco G.,** Pétrochitza. Couvre-pieds, coiffures, ceintures couvertures crelinaires et fines.
109 **Mosco V. N.,** Bucarest. Couverture de pieds.
110 **Mustetzéa,** Slanico. Tapis.
111 **Czeudin Anne,** Campulung. Rideau à autel, tapis. **Diplôme de mérite.**
112 **Nachmansohn Rosa,** Mme., Bucarest. Mouchoir brodé
113 **Nancio Jon. P.,** Ressipitzi. Couvre-pied (velinta).
114 **Nancovici Maria,** Mme., Bucarest. Etoffes pour vêtements de femme.
115 **Nanco Petre,** Ressipitzi. Ceinture rouge (briu).
116 **Nastasia Grigoré,** Valea. Serviettes.
Diplôme de mérite.
117 **Nastasé G.,** Rucaro. Drap ordinaire blanc et brun marron, couverture de pieds couverture de cheval.
118 **PredescuUtza,** Dobresti. Ceinture (briu).
119 **Neago Jon.,** Costieni-Mare. Coussin brodé.
120 **Neago Zoitza,** Mme., Luncani. Serviettes en soie.
121 **Nedelco Marin.** Bucarest. Filets à la pêche.
122 **Nico Dino Stan.,** Calicea mare. Ceinture rayée (briu).
123 **Nita Ilié.** Campulung. Sandales, servant de chaussures aux paysans.
124 **Nonila, Ipistina, Epraxie,** religieuses, Zragodu Ziganesti. Toile fine, couvertures, chapelets.
125 **La Supérieure du couvent de Amoësti,** Etoffe de laine.
126 **Obretie Stan Maria,** Mme., Otetelisu. Manteau de paysan.
127 **Olteano Jon,** Giurgévo. Draps de lit, serviettes, tablier.
128 **Oteïu Marie J.,** Mme., Bubanu. Chemises de femme.
129 **Orasco Radu,** Motzatzei. Drap de laine noir (dimié).
130 **Paciurea,** le docteur, Novaci. Tapis.
131 **Pacuraró Ecatherina,** Mme., Bucesti. Tapis.
132 **Pantelemon Dunita N.,** Mme., Viziru. Serviettes brodées.
133 **Le Conseil général du district de Bacau.** Exposition collective de tissus, costumes nationaux, tapis, boissellerie.
Médaille pour le mérite.
134 **Pelmusu Ghitza,** Bucarest. Ceintures brodées d'or.
135 **Penciu Colea,** Herasti. Tabliers rayés.

136 **Petresco C.**, Plasa de jos. Gaze, pour religieuses, tissus de soie, ceintures, soies gréges, fourrures de renard, agneau écureuil, mouton, tissus de soie brochés en or.
137 **Pétresco C.**, Malini. Costumes de paysan blancs.
138 **Pétresco Elena**, Mme., Ferbintzi. Tapis blancs.
139 **Pepténé Costaché**. Stanesti. Etoffe grise.
140 **Pirvo D.**, Ograzeni. Vêtements pour femme.
141 **Pislaru Staicu**, Otételisu. Feutre, drap ordinaire.
142 **Le Conseil municipal de la commune de Plateresti.** Chemise, coiffure, ceinture, rubans de ceinture.
143 **Poenaru Zoë**, Mme, Campina. Housses de coton, housses tricotées pour fauteuils, tapis de bouts de drap.
Diplôme de mérite.
144 **Poghénie**, religieuse, Cotesti. Tissus.
145 **Popesco Elisabeth**, Mme., Sutzesti. Coiffures en soie, chemises de femme, chemises d'homme longues.
146 **Popesco G.**, Afumatzi. Vêtement (barciag).
147 **Popesco Tanasé**, Petrochitza Couvertures de laine à pied.
148 **Poppovici Maria**, Mme., Liesti. Nappes en toile.
149 **Predesco G.**, Tomsani. Tapis.
150 **Neago Gheorghé**, Socariciu. Gilets en soie.
151 **Le Préfêt de Neamtzú**. Gilets en fourrure.
152 **Racovitza**, Mme., Bucarest. Chemises pour paysans, tapis, tabliers de laine brodés. **Diplôme de mérite.**
153 **Rado Andréa**, Varasti.
154 **Rado Vasillé**. Stoénesti. Coiffure.
155 **Radulescu Stoïca**. Craïova. Bottes, manteau de voiturier de drap, dit dimié.
156 **Robito Voica**, Mme., Dudechi. Tabliers de laine noire à raies en couleurs.
157 **Rapeano S.**, Gheorgheasa. Tabliers.
158 **Roseno Jon.**, Cornetzu. Couvertures à pied.
159 **Le Conseil général du district de Dolju**, Exposition collective de tissus de lin et de laine, de boissellerie, nattes, cuirs.
Médaille pour le mérite.
160 **Russo A. Gheorghé**, Bucarest. Sangles à argent en cuir rouges et noires, tapis, sacs à fourrage.
161 **Sachelarié**, Giurgévo. Coiffures, tabliers à plis, chemises serbes, fourrures sans manches, serviettes.
162 **Sarbanesco C.**, Vaslui. Tapis.
163 **Sarbanesco C.**: Serbanesti. Tapis.
164 **Savuicsco G. G.**, Bucarest. Petits tapis.
165 **Schmiedinger Augustin**, Bucarest. Cordes et cordages.
166 **Boboco F.**, Bucarest. Corbeilles d'osier. **Diplôme de mérite.**
167 **Serban Const.**, Téléga. Chemisettes brodées, ceintures.
168 **Sfato Enache**, Bancesca. Couverture de lit en laine.
169 **Le Conseil général du district de Mustihelle.** Produits de l'industrie domestique nationale du district: tissus de lin, laine, poils de chèvre, poterie, boisellerie.
Médaille pour le progrès.
170 **Stamate V.**, Pascani. Vêtements de paysan gris.
171 **Stancio Ené**, Gheorghéchi. Tapis.
172 **Stan Udréa Joana**, Mme., Osmanu. Tablier de laine en couleurs.
Médaille pour le mérite.
173 **Stavrofilia**, religieuse, Schitu Cotesti. Tissu fabriqué dans le couvent.
174 **Stefanesco Anne A.**, Mme., Pitesti. Tissu de soie.
175 **Stefanesco Maria**, Mme., Bucarest. Broderie de laine.
Diplôme de mérite.
176 **Steriadé Efrosina**, Mme., Bucarest. Mouchoirs de linon.
177 **Stirbey G. G.**, Caracal. Vêtements de drap blanc, chemises et tabliers de soie grége, coiffures.
178 **Stroio Jon**,, Gheraechi. Couvertures à pied.
179 **Stofano Marin**, Maglavitu. Ceintures en laine (briu).
180 **Stoica Stan**, Costienimari. Coiffures.
181 **Le Conseil général du district de Vlasca.** Exposition collective des produits de l'industrie nationale du district: étoffes de lin et de laine, costumes pour hommes et femmes, tapis, couvertures, chaussures, cuirs, boissellerie etc. **Diplôme de mérite.**
182 **Stroio Jon**, Dulcesti. Nappes en toile, toiles de lin, nappe rouge brochée, chemises de paysan.
183 **Stroio Jon**, Mircesti. Serviettes, ceintures, chemises, toile (dite coda).
184 **Stroio Jon**, Roman. Chemise brodée de fleurs.
185 **Le Conseil général du district de Niamtzu.** Gilets de fourrure, costumes de paysans, bonnets, étoffes fabriquées dans les couvents, tissus de laine et de chanvre. **Diplôme de mérite.**
186 **Théodore Vasilé**, Bucarest. Habillements de pêcheurs.
187 **Toqala Ruxandra N.** Mme., Balaceanu. Draps de lit en couleurs.
188 **Traistaro M.**, Husi. Sacs à fourrage en poils de chèvre.
189 **Trimpoiasa Suta**, Mme., Campulung Chemises, tissus de soie.
190 **Tudosé Ancutza**, Mme., Isalnitza. Coiffures.
191 **Tudosié Annica M.**, Mme., Chemises de paysan, soutanes, gilets.
192 **Tudosé Joana Florea**, Mme., Isalnitza. Vêtements de paysannes.

193 **Tudor Lucie N. M.**, Mme., Isalnitza. Chemises de paysan.

194 **Tudor Rada C.**, Mme., Otetelisu. Tabliers rouges.

195 **Vasilie Nitzu**, Socariciu. Tabliers à bordure.

196 **Vasilesco V.**, Popesti Beiu. Toile de lin, chemises de paysannes.

197 **Conseil général du district de Roman.** Manteaux gris et blanc (sucman), serviettes, tabliers, caleçons en toile, chemises hongroises, chemises de toile, pantalons (Jzarî), sacs de laine, rubans de ceinture, tapis, broderies.
Diplôme de mérite.

198 **Stoenesco Marghiola**, Bucarest. Tapis de laine gris et bruns.

199 **Vasiélivici Elisabetha**, Mme., Bottoschani. Couvertures ordinaires.

200 **Vasilovici**, Malini. Vêtements pour paysans.

201 **Velico Ivan**, Heresti. Drap noir (aba).

202 **Veluda Fanni**, Mme., Bucarest. Tablier rouge brodé de fleurs, chemises de soie.

203 **Les Religicuses du monastère de Viforita.** Soutanes, ceintures en couleurs, costume de religieuse complet.

204 **Vlasceano George**, Ograzeni. Toile à bordure, tissus de soie.

205 **Voicesco Ecatherina**, Mme., Bucarest. Mouchoirs brodés.

206 **Sistofi**, Craiova. Tapis en soie.

207 **Zamfiresco Elena**, Mme., Bucarest. Coussin brodé, mouchoir de linon brodé avec un bouquet de roses.

208 **Zamfiresco Marie**, Mme., Bucarest. Mouchoirs de linon.

209 **Zinca Daniel**, Mme., Slatina. Chemises de femme, robe à plis, tabliers.

210 **Le Sous-Préfet de l'arrondissement de Bucarest.** Voiles de coiffure brodés.

211 **Le Conseil général du district d'Oltu.** Gilets en fourrure, toile unie et à bordures, coiffures en couleurs, manteaux pour paysans, boissellerie.
Diplôme de mérite.

212 **Mardari Ecatherina**, Mme., Ploesti Mouchoir brodé.

213 **Podasul Théodore.** Articles de poterie ordinaires. **Diplôme de mérite.**

214 **Le Conseil général du district de Putna.** Tissus de lin et de laine.
Médaille pour le mérite.

GROUPE XXIV.

Objets d'art des époques antérieures. (Exposition des Amateurs.)

1 **Musée historique de Bucarest.**

1. Collection de vases sacrés, d'évangiles, de vêtements sacerdotaux, armes, etc., du XVe au XVIIe siècles. Les objets de cette collection sont décrits dans un catalogue spécial.

2. Le trésor de Pétrossa.

Le trésor de Pétrossa se compose de 12 morceaux d'or massif, pesant ensemble 17 kil. 10. Il a été découvert en 1837 par deux paysans occupés à extraire des pierres d'une carrière, située près d'Istritza, dans la commune de Pétrossa. Dans le principe, ce trésor se composait de 22 objets parfaitement bien conservés; mais les deux paysans, afin de pouvoir mieux receler leur trouvaille, les ont brisés à coups de hache, les ont aplatis et en ont enlevé les pierres précieuses. Par suite du peu de consistance de la matière, il a été très difficile de rétablir dans leur forme primitive ces objets si gravement détériorés, et dont 10 n'ont jamais pu être retrouvés. En voici la nomenclature:

1. — Un gros anneau lisse, massif. (0 m. 170 de diamètre, 0 m. 005 d'épaisseur.)

2. — Un gros anneau s'ouvrant à l'aide d'une charnière (0 m. 153 de diamètre, épais au milieu de 0 m. 012), probablement un anneau à bras (appelé bouga dans le Hildebrand, et Hadebrand-Lied), ou un de ces anneaux réputés saints, sur lesquels les anciens habitants du Nord prêtaient leurs serments, après les avoir trempés dans le sang des animaux offerts en sacrifice.

3. — Un plateau rond, légèrement concave (poids 7 kil. 154, diamètre 53 centimètres, épaisseur 2 millimètres), orné de dessins grecs très grossièrement exécutés. Valeur de l'or, 20,000 francs.

4. — Un vase à une seule anse, ayant la forme d'un élégant vase à vin antique (haut de 36 centimètres, mesurant 10 centimètres de diamètre dans sa partie la plus large, pesant 1·755 kil.)

5. — Un plateau d'autel (patène), reposant sur un pied très bas et supportant une statuette de femme assise (hauteur 0 m. 112, diamètre 0 m. 257, profondeur 0 m. 075), avec des figures ciselées en relief, qui, d'après leurs attributs, paraissent représenter les divinités de la Walhalla du Nord, entr' autres Odin avec ses corbeaux révélateurs, Hertha avec le calathus.

6. — Un hausse-col incrusté de pierres fines, de même forme que les hausse-cols antiques des musées de Copenhague et de Rennes.

7. — Une grosse agrafe (fibula), dans la forme d'un aigle ou d'un épervier aux ailes déployées, avec la queue en éventail. Elle était primitivement incrustée de pierres précieuses, avec 4 pendeloques de cristal suspendues à des chaînettes d'or, et dont 2 existent encore (hauteur du corps, 0 m. 105; hauteur de la queue, 0 m. 13).

8. et 9. — 2 agrafes en forme d'ibis, également incrustées à l'origine de pierres précieuses, avec 5 pendeloques affectant la forme de glands couverts d'éclats de grenade, suspendues à des chaînettes d'or (hauteur, 0 m. 25 — largeur, 0 m. 080 et 0 m. 065). Il semble que les deux agrafes ont dû être réunies par une chaîne; elles devaient être attachées au vêtement à l'aide d'un ardillon placé à l'envers.

10. — Une agrafe en forme d'oiseau avec chaîne et pendeloques (hauteur, 0 m. 175; épaisseur, 0 m. 55). D'après l'aspect de cet objet, qui est dans un bon état de conservation, il était possible de reconstituer dans leur forme primitive les autres agrafes brisées.

11. — Un vase (tasse, corbeille) octogone, avec deux anses en forme de léopards, incrusté de pierreries (diamètre, 0 m. 85 ; profondeur, 0 m. 105).

12. — Une coupe duodécagone très endommagée (0 m. 175 de diamètre, 0 m. 12 de profondeur).

Tandis que les cinq premiers objets sont simplement en or, les sept derniers étaient richement garnis et incrustés d'émeraudes, de petites perles, turquoises, lapis-lazzuli, jacinthes, grenades et éclats de nacre.

13. — De nombreux fragments d'or et de pierres fines qui décoraient les objets encore existants, ainsi que ceux qui n'ont pas été retrouvés.

La pièce la plus importante de ce trésor est l'anneau d'or à charnière, qui porte une inscription au sujet de laquelle une longue controverse s'est élevée entre les savants, et qui a été reconnue à la fin pour une inscription en caractères runiques anglo-saxons. Transcrite en caractères latins, elle donne l'assemblage de lettres suivant : guthaniocwihailag, ce qui, d'après les dernières interprétations, signifierait : Qu-Ocwi soit consacrée à Odin. D'après Jornandès, l'historien latin des Goths, ces derniers désignaient la partie de la Scythie qu'ils occupaient, la Valachie d'aujourd'hui, sous le nom d'Ocwi, à cause du caractère marécageux de cette contrée, où l'eau est si abondante.

Les runes anglo-saxonnes et le contenu de cette inscription, gravée d'ailleurs d'une manière assez peu compréhensible, la matière, la forme, les ornements et les figures décoratives, ainsi que l'exécution technique des vases, enfin le lieu même où ils ont été découverts (le théâtre de la dernière lutte soutenue par Athanarick, roi des Goths, contre les Huns victorieux), tout contribue à faire paraître vraisemblable que le trésor de Pétrossa formait autrefois la parure guerrière et religieuse d'un roi des Goths, et que ces oeuvres d'art auraient été exécutés dans le pays même du 2e au 4e siècles. Ce qui nous en reste constituerait donc un précieux spécimen de l'art indigène dans ces temps reculés.

L'armoire en fer qui contient ce trésor a été fabriquée à Paris, d'après les dessins de l'architecte Baudry. Les peintures des panneaux représentent le lieu où la trouvaille a été faite et l'aspect des objets dans leur état primitif.

Le musée historique, fondé en 1864 dans le Palais de l'Académie, est divisé en quatre sections. La section religieuse contient une très riche précieuse collection d'objets, provenant en grande partie des couvents et églises du pays, et qui sont des chefs-d'œuvre de l'orfévrerie byzantine, notamment des vases et autres ustensiles ecclésiastiques, des vêtements sacerdotaux, des évangiles richement reliés, etc.

La section numismatique contient une collection de monnaies et médailles de l'ancienne Dacie et des pays voisins, notamment des monnaies byzantines.

Les objets les plus précieux de la section archéologique sont le trésor de Pétrossa et le modèle en bois (1/24 de la grandeur naturelle) de l'église archiépiscopale de Curteja-Dargis, érigée en l'an 1520, dans le style byzantin, par Neaga Besamba, prince de Valachie. Cette section est très riche en vases antiques, lampes funéraires, cruches, briques romaines avec des inscriptions, — tous objets qui, pour la plupart, ont été trouvés aux places qu'occupaient les camps romains qui s'étendaient le long du Danube, depuis Turnu-Margurele jusqu'à Caracal et Turnu-Severin. La plupart des inscriptions se rapportent à la 1 légion (italienne) et à la 3e légion (macédonienne). Il y a aussi de nombreuses statues, des bustes des lampes, une riche collection d'anciennes armes romaines, des cottes de maille, des dards, des arcs, des bustes de marbre, des tombeaux et des bas-reliefs.

La section roumaine contient des objets qui se rattachent à l'histoire du pays, les costumes nationaux de divers temps, des queues de cheval (Yak) qui étaient portées devant les pachas et les princes en signe d'honneur, un trône des princes valaques, des drapeaux, etc.

Une section préhistorique se forme en ce moment à l'aide des nombreux restes de l'âge de pierre qui ont été trouvés dans le pays. On prépare également la publication d'un catalogue illustré et explicatif du musée, qui s'enrichit sans cesse par des trouvailles, des dons et des achats.

2 **Boliac César,** Bucarest. Vases antiques (daces) en terre cuite. Tous les objets de cette collection sont à vendre.

1 Couvercle en terre cuite. 4000 Frcs.
2 Ecuelle, 2000 „
3 Pot à deux anses, 2000 „
4 Deux petits chaudrons. 100 „
5 Tasse. 100 Frcs.
6 Vase en terre. 500 „
7 Cruche. 300 „
8 Pot. 300 „
9 Pot à fleurs. 300 „
10 Pot. 200 „
11 Ecuelle sans anses. 200 „
12 Petit pot. 50 „
13 Pot en terre cuite. 300 „
14 Petit pot. 50 „
15 Pot plus petit. 50 „
16 Pot. 300 „
17 Vase trouvé à Zimnixa 10.000 „
18 Vase plus petit. 500 „
19 Vase encore plus petit. 300 „
20 Vase trouvé à Piscu-Crasciani. 1000 „
21 Vase en terre cuite. 200 „
22 Vase à huile cassé. 1000 „
23 Gobelet. 500 „
24 Vase en terre cuite noir 300 „
25 Pot. 500 „
26 Vase à huile. 500 „
27 Flacon. 200 „

3 **L'église St-Lucques,** Bucarest. Croix d'autel en filigrane d'argent.

GROUPE XXV.

Beaux-Arts.

b) *Sculpture.*

1 **Stork,** professeur de sculpture à l'Académie des Beaux-Arts, Bucarest.

1 Buste en marbre de Son Altesse le prince Charles Ier de Roumanie.
2 Buste en marbre de Son Altesse la princesse Elisabeth de Roumanie.

2 **Stöhr,** sculpteur de Son Altesse le prince Charles Ier, Bucarest. 2 grands cadres en chêne.

d) *Peinture à l'huile, aquarelles.*

3 **Galerie de Son Altesse le prince Charles Ier de Roumanie.**

3 Portrait en pied sculpté de Son Altesse le Prince en costume national.
4 Portrait en pied de Son Altesse la Princesse.
5 L'attelage de poste du prince.
6 Foire à Riureni.

4 **Aman Théodore,** directeur de l'Académie des Beaux-Arts et de la galerie des tableaux (pinacothèque), Bucarest.

7 Le prince Charles Ier prêtant serment de fidélité à la Constitution.
8 Fuite des Turcs à la bataille de Calugareni. A vendre, 7000 francs.
9 La mort de Lapusneanu. A vendre, 5000 francs.
10 Vendredi Saint. A vendre, 5000 francs.
11 Paysans apportant au prince Michaël le Brave la tête de Bathori.
12 Portrait du prince Grégoire Ghica (propriété de l'Ephorie des hôpitaux).
13 Portrait du prince Cantacuzène (propriété de l'Ephorie des hôpitaux).

5 **Trenk H.,** Bucarest.

14 Paysage des Hautes-Alpes de Roumanie.

6 **Stancesco C.,** professeur à l'Académie des Beaux-Arts, Bucarest.

15 La mort de Lapusneanu, dessin au crayon (propriété de la pinacothèque).
16 Portrait du poëte H. Radulesco (propriété de la pinacothèque).

17 Portrait du poëte Balaze, dessin au crayon (propriété de la pinacothèque).
18 Vénus de Milo, dessin au crayon (propr. de la pinacothèque.)

7 **Szatmary, C. de**, peintre et photographe de la cour, Bucarest.
19 Danse aux ours, aquarelle (propriété de la pinacothèque).
20 Lautari (musiciens bohémiens), aquarelle. Propriété du prince M. Ghica.
21 Esquisses en aquarelle de tous les costumes nationaux de la Roumanie. Propriété de la pinacothèque.
22 Portrait de la princesse Cantacuzène. Propriété de l'Ephorie des hôpitaux.
23 Toilette à l'orientale.
24 Narghilé. A vendre, 1500 francs.
25 Raisins et pommes, aquarelle. A vendre, 800 francs.
26 Bacchante.

8 **Grigoresco N.**, Bucarest.
27 Crépuscule du matin. Propriété du prince Charles Ier.
28 Portrait du Spatar Nasturel Cheresco. Propriété de l'Ephorie des hôpitaux.
29 Tente de bohémiens. Propriété de l'Académie des Beaux-Arts.
30 Canards. Propriété de l'Académie des Beaux-Arts.

9 **Lapati**, mort en Italie.
31 Bouquetière roumaine.

10 **Tataresco**, professeur à l'Académie des Beaux-Arts, Bucarest.
32 Le réveil de la Roumanie (allégorie).
33 Décébal.
34 Portrait d'un prêtre.

GROUPE XXVI.

Education, Enseignement, Instruction.

1 **Ecole élémentaire de filles Nr. 2**, à Pitesti. Plan d'une maison de paysan.

2 **Ecole élémentaire de filles Nr. 1, à Braïla.** Panier tressé de copeaux de bois, orné de broderies de fleurs. A vendre, 30 francs.

3 **Ecole élémentaire de filles Nr. 2, à Braïla.** Coussin de velours. A vendre, 80 francs. Couverture de table de cachemire et laine. A vendre, 200 francs.

4 **Asile Elena Domna** (orphelinat de filles), à Bucarest. Travaux à la main et thèmes des élèves, programmes. **Médaille pour le mérite.**

5 **Orphelinat de garçons** à Panteleimon (pres Bucarest). Travaux des élèves de cet établissement, placé sous l'administration de l'Ephorie des hôpitaux; il a été reconstruit et agrandi sous le gouvernement du prince Charles Ier. Il est organisé militairement et il contient 100 élèves qui, dans les vacances, font des excursions dans les Carpathes. Suivant leurs dispositions les élèves sont formés pour les métiers ou pour le commerce. L'institution va être transformée en une école des arts et métiers supérieure.

6 **Institution des Sourds-Muets**, Bucarest. Contient 25 élèves, dont 2 se trouvent à Vienne pour se perfectionner dans la méthode d'enseignement.

7 **Aureliano P.**, directeur de l'Ecole d'agriculture à Ferestréo (près Bucarest). Les poissons de Roumanie, préparations de musée: dauphin, carpe, broches, murène, perche, tanche, biban, etc.

8 **Micescu J.**, Ploësti. Collection d'insectes.

9 **Ecole élémentaire de filles Nr. 1**, du quartier Noir, Bucarest. Travaux à la main des élèves.
Médaille pour le mérite.

10 **Ecole élémentaire de filles Nr. 1**, à Pitesti. Tapis en laine, travaux à l'aiguille, broderies des élèves.
Diplôme de mérite.

11 **Ecole élémentaire de filles Nr. 2**, à Craïova. Chemise de toile brodée de laine, tapis, chemise de coton.
Médaille pour le mérite.

12 **Asechiano Toglitza**, élève de l'école de filles arménienne, Focchani. Broderie, arbre avec oiseaux et papillons.

13 **Ecole élémentaire de filles** à Jassy, sous le patronage de Son Altesse le prince Charles Ier. Tapisseries et broderies des élèves.
Médaille pour le mérite.

14 **Ecole Ste-Marie** (institution de jeunes filles catholique, dirigée par des dames anglaises), Bucarest. Travaux à la main des élèves.
Diplôme de mérite.

15 **Ecole élémentaire de filles** à Altichéni. Broderies et tapisseries.
Médaille pour le mérite.

16 **Externat de jeunes filles** à Bucarest. Tapisseries et broderies.
Médaille pour le bon goût.

17 **Ecole élémentaire de filles** à Ploësti. Lingeries, tapisseries, broderies.
Diplôme de mérite.

18 **Ecole élémentaire de filles** du quartier Rouge, Bucarest. Travaux à l'aiguille des élèves.

Médaille pour le mérite.

19 **Ecole élémentaire de filles** à Jassy. Tapisseries et broderies.

Médaille pour le bon goût.

20 **Ecole élémentaire de filles** à Braïla. Coussin brodé. **Diplôme de mérite.**

21 **Ecole élémentaire de filles** à Bucarest. Travaux à la main des élèves.

Diplôme de mérite.

22 **Institution de jeunes filles de Lazare Otetelichano,** Craïova. Tapisseries et broderies.

Médaille pour le mérite.

23 **Ecole professionnelle** à Craiova. Serrure à 12 verroux, serrures de porte, serrures à coffres-forts, système Werthheim et prussien. Croc à vis.

24 **Ecole des Arts et Métiers** à Bucarest. Modèles en métaux exécutés par les élèves.

25 **Commission générale de statistique,** Bucarest. Publications de la statistique administrative de la Roumanie, relevés officiels sur le mouvement de la population; les Annales de statistique.

La première tâche qui échut aux bureaux de statistique fondés en 1859 à Bucarest et à Jassy fut de faire le recensement de la population des principautés de Moldavie et de Valachie, alors réunies par l'union personnelle, mais avec des administrations distinctes. Ce recensement, qui fut fait dans les deux pays d'après des principes différents, s'étendit à des renseignements de toute nature. On a constaté le nombre des habitants, la population étrangère flottante, le nombre des maisons, l'état des troupeaux, les machines agricoles, l'importance des cultures et la situation du commerce et de l'industrie. Les résultats pour la Moldavie furent publiés de 1860 à 1862, et ceux pour la Valachie, dans les Annales de Statistique de 1860 à 1864. Lorsque le 24 Janvier 1862, par suite de la fusion des deux Principautés, l'unité administrative remplaça le dualisme antérieur, le bureau statistique de Jassy fut dissous, et un bureau central de statistique fut établi à Bucarest, — lequel bureau, en 1866, perdit à son tour sa situation indépendante, pour devenir une simple section du ministère de l'intérieur.

L'organisation actuelle de la statistique officielle en Roumanie repose sur la loi du 29 Novembre 1871. La direction supérieure du service a été transférée à la Commission de Statistique, dont la tâche consiste à rédiger les formulaires et à bien préciser les points qui doivent être constatés statistiquement, à contrôler les données réunies par la direction centrale, ainsi qu'à en autoriser la publication, enfin à donner son avis sur toutes les questions qui lui sont soumises. Cette commission, présidée par le ministre de l'intérieur, se compose de 5 membres, dont 4 sont nommés pour 3 ans par décret du prince; le cinquième est le chef de la direction centrale. A ce dernier incombe la tâche de rassembler, de mettre en ordre et de publier chaque année les données statistiques fournies par les différentes branches de l'administration, et notamment de constater tout ce qui a trait à la situation économique, intellectuelle et morale de la Roumanie.

Auprès des ministères de la justice, des finances, des cultes et de l'instruction publique, ainsi qu'auprès de celui de l'agriculture, du commerce et des travaux publics, sont installés des rapporteurs, qui doivent grouper chaque année les données fournies par les diverses administrations dépendant du ressort du ministère. En outre, il y a dans chacun des 33 départements un comité permanent de statistique qui doit réunir les données statistiques du département et les transmettre à la direction centrale, en même temps qu'il contrôle la tenue des registres de l'état civil. Tous les employés de l'administration sont obligés, sous leur responsabilité personnelle, de tenir note perpétuellement des données statistiques.

Le recensement qui se prépare actuellement sera fait d'après les bases qu ont été arrêtées au Congrès international de Statistique pour tous les travaux de cette nature.

Les travaux de la Direction centrale sont publiés dans les Annales de Statistique.

Les relevés annuels du mouvement de la population contiennent 51 tableaux, qui sont classés par mois. Pour la population de Bucarest des tableaux spéciaux sont dressés.

La population urbaine et la population rurale sont recensées séparément.

Les en-têtes des rubriques sont imprimées en roumain et en français, afin de faciliter également à l'extérieur l'emploi de ces matériaux. Au chapitre des mariages l'état d'instruction des époux (leurs connaissances en lecture et en écriture) est indiqué avec soin.

Médailles de coopération.

GROUPE III.

Arts chimiques.

1 **Le docteur Charles Bernath**, directeur du laboratoire chimique de l'Ephorie des hôpitaux, Bucarest. Coopération aux analyses des minéraux et eaux minérales de la Roumanie.

GROUPE XXI.

Industrie nationale domestique.

2 **Le Comité de l'asile Elena Domna** (orphelinat de filles), Bucarest. Coopération à la collection des costumes nationaux.

3 **Cornesco C.**, Bucarest. Coopération à la collection des costumes nationaux.

4 **Ilié N.**, Bucarest. Coopération à la collection des costumes nationaux.

5 **Le Préfet du district de Niamtzu.** Coopération à la collection des costumes nationaux.

6 **Vasili Teodoru**, Bucarest. Coopération à la collection des costumes nationaux.

7 **Dino Mitza**, Bucarest. Coopération à la collection des costumes nationaux.

TABLE DES MATIERES.

PREMIERE PARTIE.

La Roumanie considérée sous le rapport physique, administratif et économique.

DEUXIÈME PARTIE.

Catalogue spécial des exposants roumains.

www.ingramcontent.com/pod-product-compliance
Ingram Content Group UK Ltd.
Pitfield, Milton Keynes, MK11 3LW, UK
UKHW022125190726
13855UKWH00003B/1037